MARTIN ERHARDT

Unternehmensbewertung *kompakt*

Martin Erhardt

Unternehmensbewertung *kompakt*

Edition Wissenschaft & Praxis

Bibliografische Information der Deutschen Nationalbibliothek

Die Deutsche Nationalbibliothek verzeichnet diese Publikation in
der Deutschen Nationalbibliografie; detaillierte bibliografische Daten
sind im Internet über http://dnb.d-nb.de abrufbar.

Alle Rechte vorbehalten
© 2021 Edition Wissenschaft & Praxis
bei Duncker & Humblot GmbH, Berlin
Druck: mediaprint solutions GmbH, Paderborn
Printed in Germany

ISSN 2702-2234
ISBN 978-3-89673-765-6 (Print)
ISBN 978-3-89644-765-4 (E-Book)

Gedruckt auf alterungsbeständigem (säurefreiem) Papier
entsprechend ISO 9706 ∞

Internet: http://www.duncker-humblot.de

Vorwort

Die vorliegende Veröffentlichung wurde für die Vorlesung zur Unternehmensbewertung im Studiengang Master of Auditing and Taxation an der Hochschule Pforzheim entwickelt, um insbesondere Studierende mit dem Berufsziel Wirtschaftsprüfer mit den wesentlichen Grundlagen der Unternehmensbewertung vertraut zu machen. Mit ihr soll die Möglichkeit geschaffen werden, der Vorlesung aufmerksam zu folgen und gleichzeitig eine Unterlage für die Klausurvorbereitung zu haben. Dabei wurde dem heutzutage vorhandenen Verlangen nach kompakten Übersichten besonders Rechnung getragen. Wissen muss immer häufiger unter Zeit- und Erfolgsdruck erworben oder reaktiviert werden. Deshalb eignen sich Übersichtsdarstellungen besonders dafür, rasch einen Überblick über das Fachgebiet zu gewinnen und begünstigen somit ökonomisches Lernen. Der studierende, lernende oder interessierte Leser ist zudem aufgerufen, den Inhalt dieses Buches mit der vielfach vorhandenen Fachliteratur punktuell abzugleichen und in Ruhe nachzuvollziehen. Die angegebene Fachliteratur eignet sich in hervorragender Weise zur weiteren Vertiefung der Grundlagen, welche hier vermittelt werden.

Den inserierenden Wirtschaftsprüfungs- und Steuerberatungsgesellschaften danke ich dafür, dass sie auf der Suche nach guten Mitarbeiter(inne)n dieses Lehrbuch durch die Einbringungvon Stellenanzeigen unterstützen. Ohne sie wäre diese Form der Veröffentlichung nicht möglich gewesen. Weisen Sie bitte bei Ihrer Bewerbung auf die Anzeige in diesem Buch hin! Falls dem geneigten Leser Fehler, Unklarheiten und Lücken auffallen, ist er herzlich eingeladen, mich diesbezüglich in Kenntnis zu setzen.

Pforzheim, im Dezember 2020 *Prof. Dr. Martin Erhardt*

Inhaltsverzeichnis

1. **Umfang der Unternehmensberatung** 1
2. **Investitionsrechnung** 2
   - 2.1 Statische Verfahren 2
   - 2.2 Dynamische Verfahren 2
3. **Anforderungen an die Unternehmensbewertung** 3
4. **Werttheorien** 4
5. **Anlässe und Funktionen der Bewertung** 5
   - 5.1 Hauptfunktionen (neutraler Gutachter, Berater, Vermittler, Argumentation) ... 5
   - 5.2 Nebenfunktionen (Information, Steuerbemessung, Vertragsgestaltung) 6
6. **Grundsätze der Unternehmensbewertung** 9

7. Verfahren der Unternehmensbewertung — 11

    7.1 Einzelbewertungsverfahren

        7.1.1 Substanzwert 12

        7.1.2 Liquidationswert 13

    7.2 Gesamtbewertungsverfahren

        7.2.1 Ertragswertverfahren 14

            7.2.1.1 Konzeption 14

            7.2.1.2 Ertragsbegriffe 15

            7.2.1.3 Prognose 17

            7.2.1.4 Kritik 21

        7.2.2 Discounted Cashflow-Verfahren 22

            7.2.2.1 Konzeption 22

            7.2.2.2 WACC-Ansatz mit Free Cashflows 23

            7.2.2.3 WACC-Ansatz mit Total Cashflows 27

            7.2.2.4 APV-Ansatz 28

		7.2.2.5	Netto-Verfahren	31
	7.2.3	Ermittlung des Basiszinssatzes		35
	7.2.4	Berücksichtigung von Risiko und Geldwertänderung		40
		7.2.4.1	Risikozuschlag und Sicherheitsäquivalenz	41
		7.2.4.2	CAPM und Tax-CAPM	47
		7.2.4.3	β-Faktor	51
	7.2.5	Gegenüberstellung der DCF-Verfahren		56
	7.2.6	Verbindungen von Ertragswert- und DCF-Verfahren		58
	7.2.7	Terminal Value		61
7.3	Multiplikatorverfahren			
	7.3.1	Grundlagen		71
	7.3.2	Comparative Company Approach		73
		7.3.2.1	SimilarPublic Company Method	73
		7.3.2.2	Recent Acquisition Method	74
		7.3.2.3	Initial Public Offering Method	74

Inhaltsverzeichnis

	7.3.3 Multiplikatorverfahren bei KMU	76
	7.4 Mischverfahren	77
8.	**Bewertung digitaler Unternehmen**	**80**
9.	**Digitalisierung der Unternehmensbewertung**	**87**
10.	**Vorbereitung der Unternehmensbewertung**	**90**
	Klausuraufgaben und Lösungshinweise	91

Abkürzungsverzeichnis

A	Annuität	EBIT	Earnings before Interest and Taxes
AktG	Aktiengesetz	EK	Eigenkapital
APV	Adjusted Present Value	ErbStG	Erbschaft- und Schenkungsteuergesetz
A_t	Ausgaben der Periode t	EW	Ertragswert
Aufl.	Auflage	EZB	Europäische Zentralbank
AV	Anlagevermögen	f., ff.	folgende, fortfolgende
BewG	Bewertungsgesetz	FCF	Free Cashflow
BGH	Bundesgerichtshof	FK	Fremdkapital
bzw.	beziehungsweise	FTE	Flow to Equity
CAPM	Capital Asset Pricing Model	ggf.	gegebenenfalls
CF	Cashflow	GK	Gesamtkapital
d_m	Dividendenrendite des Marktportfolios	GuV	Gewinn- und Verlustrechnung
DCF	Discounted Cashflow	Hrsg.	Herausgeber
d.h.	das heißt	i	Zinssatz
E	Erwartungswert	IDW	Institut der Wirtschaftsprüfer
E_t	Ertrag der Periode t	IPOM	Initial Public Offering Method

Abkürzungsverzeichnis

JÜ	Jahresüberschuss	S	Standard, Seite
km	Kursrendite des Markstportfolios	SÄ	Sicherheitsäquivalent
KMU	Kleine und mittlere Unternehmen	SPCM	Similar Public Company Method
KW	Kapitalwert	SW	Substanzwert
L.u.L.	Lieferungen und Leistungen	SWOT	Strengths, Weaknesses, Opportunities, Threats
lt.	Laut		
mind.	mindestens	T	Planungshorizont
N_0	Barwert des nicht betriebsnotwendigen Vermögens	TCF	Total Cashflow
		TS	Tax Shield
nbV	nicht betriebsnotwendiges Vermögen	TV	Terminal Value
PH	Prüfungshinweise	u.a.	und andere
PS	Prüfungsstandard	UmwG	Umwandlungsgesetz
q	Ausschüttungsquote	UW	Unternehmenswert
r	Kalkulationszinsfuß	v.	von
R	Richtlinie	vs.	versus
RAM	Recent Acquisition Method	w	nachhaltige Wachstumsrate
RH	Rechnungslegungshinweise	WACC	Weighted Average Cost of Capital
RSS	Stellungnahmen zur Rechnungslegung	z	Inflationsrate
s	Steuersatz	z.B.	zum Beispiel

Literaturempfehlungen

Ballwieser, W./*Hachmeister*, D.: Unternehmensbewertung: Prozess, Methoden, Probleme, 5. Aufl., Stuttgart 2016.

Ballwieser, W./*Hachmeister*, D. (Hrsg.): Digitalisierung und Unternehmensbewertung, Stuttgart 2019.

Drukarczyk, J./*Schüler*, A.: Unternehmensbewertung, 7. Aufl., München 2015.

Henselmann, K./*Kniest*, W.: Unternehmensbewertung: Praxisfälle mit Lösungen, 5. Aufl., Herne 2015.

IDW (Hrsg.): Wirtschaftsprüfer-Handbuch, Band I, aktuelle Aufl., Düsseldorf.

IDW (Hrsg.): IDW Prüfungsstandards (IDW PS)/IDW Stellungnahmen zur Rechnungslegung (IDW RS)/IDW Standards (IDW S) einschließlich der dazugehörigen Entwürfe sowie IDW Prüfungs- und IDW Rechnungslegungshinweise (IDW PH und IDW RH).

Peemöller, V. H. (Hrsg.): Praxishandbuch der Unternehmensbewertung, 7. Aufl., Herne 2019.

1. Umfang der Unternehmensbewertung

Der Unternehmensbewerter hat viele Disziplinen zu beherrschen, weshalb ihm Spezialisten im einzelnen Fachgebiet überlegen sind. Allerdings wird der Blick auf das ganze Unternehmen gebraucht. Am Ende soll für das gesamte Unternehmen nur ein einziger Wert stehen. Diese praktische Erfordernis benötigt am Ende zumindest eine tragfähige Lösung.

Einfluss auf die Wertfindung haben folgende (insbesondere betriebswirtschaftliche) Disziplinen:

- Entscheidungstheorie: es geht um Nutzenströme, zwischen denen Art-, Wert-, Zeit- und Risikopräferenzen bestehen,
- Investitions- und Finanzierungstheorie,
- Rechnungslegung und Bilanzanalyse,
- Strategische und operative Planung aufgrund der Zukunftsbezogenheit,
- Kostenrechnung und Controlling: Kosten-Nutzen-Abwägungen sowie Vereinfachungen und Pauschalierungen statt aufwändiger Simulationen und
- Gesellschafts- und Kapitalmarktrecht, Familien-, Erb- und Steuerrecht u.a.

2. Investitionsrechnung

2.1 Statische Verfahren

2.2 Dynamische Verfahren

1. **Einperiodige Verfahren:**
   - Kostenvergleichsrechnung
     (Wähle die Investition mit den geringsten Kosten je Periode)
   - Rentabilitätsvergleichsrechnung
     (Wähle die Investition mit der größten Kapitalrentabilität je Periode)
   - Gewinnvergleichsrechnung
     (Wähle die Investition mit dem größten Gewinn je Periode)

2. **Mehrperiodiges Verfahren:**
   - Amortisationsrechnung
     (Wähle die Investition mit der kürzesten Amortisationsdauer)

1. **Hauptverfahren:**
   Vollständiger Finanzplan (zum Vergleich werden mehrperiodige Investitionen durch ergänzende Investitionen und Finanzierungen zu echten Alternativen vervollständigt)

2. **Hilfsverfahren (Annahmen!):**
   a. Kapitalwertmethode
      ($KW = -I_{t0} + \sum (E_t - A_t) / (1+i)^t$
   b. Annuitätenmethode
      ($A = KW * i * (1+i)^t / (1+i)^t - 1$
   c. Interne Zinsfußmethode
      → modifizierte interne Zinsfußmethode

3. Anforderungen an die Unternehmensbewertung

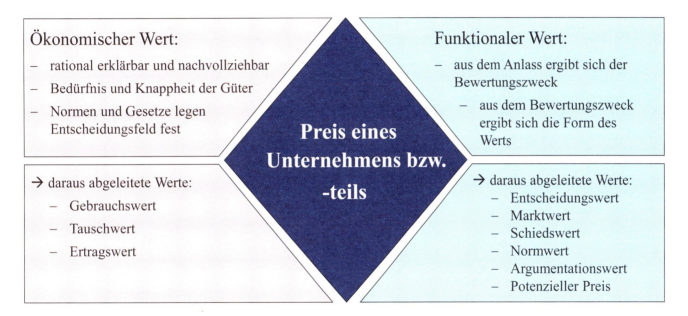

4. Werttheorien

Objektive Werttheorie:
- Unternehmen, wie es steht und liegt
- Substanzwert → Marktwert
- keine persönlichen Bezüge oder Interessenlagen
- Wert nicht ermittelbar

Subjektive Werttheorie:
- Ziele, Möglichkeiten, Vorstellungen des (Ver)käufers berücksichtigen
- zukunftsbezogener Ertragswert
- Verhandlungssache, weil zwei subjektive Werte

Werttheorien

Objektivierter Wert:
- intersubjektiv nachprüfbar
- aus Sicht des Eigentümers
- echte Synergieeffekte werden nicht berücksichtigt, weil subjektiv
- ggf. typisierte Faktoren: Unternehmerlohn, Steuern

Von Dritten nicht nachvollziehbar:
- individuelle Strategien und
- geplante Ausschüttungen,
- persönliche Steuersätze,
- echte Synergieeffekte des Investors,
- geplante Kapitalstruktur/Finanzierung.

5. Anlässe und Funktionen der Unternehmensbewertung
5.1 Hauptfunktionen

Beratungsfunktion:
Entscheidungshilfe für Käufer (Preisobergrenze) oder Verkäufer (Preisuntergrenze)

Gutachterfunktion:
neutral, den objektivierten Wert als Grundlage für Preisverhandlungen ermitteln

Hauptfunktionen

Argumentationsfunktion
nicht in IDW S1, Verhandlungsposition des Auftragsgebers stärken

Vermittlungsfunktion:
vermittelt zwischen den subjektiven Werten der Parteien → fairer Einigungspreis

5.2 Nebenfunktionen

Informationsfunktion:
Problem bezüglich Betriebsgeheimnis

Vertragsgestaltungs-funktion:
Abfindungen, Unternehmenserhalt

Neben-funktionen

Steuerbemessungs-funktion
Gemeiner Wert
§ 11 Abs. 2 S. 2 und
§§ 199 ff. BewG

Kritik:
– Katalog der Funktionen ist strittig,
– zu viele verschiedene Bewertungszwecke

5.2 Nebenfunktionen

Vorbehaltsaufgaben des WP

Unternehmensverträge:
- Beherrschung
- Gewinnabführung

(§ 293 AktG)

Eingliederung:
- Abfindung ausscheidender Aktionäre

(§§ 319 f. AktG)

Squeeze Out:
- 95 % des Grundkapitals hält ein Aktionär allein

(§§ 327a bis f AktG)

Verschmelzung:
- (§ 10 UmwG)

5. Anlässe und Funktionen der Unternehmensbewertung

Besonderheiten KMU:

- Managementfaktor → bisheriger Eigentümer
- Betriebsnotwendiges Vermögen befindet sich im Privatvermögen
- Betriebsnotwendige praktisch nicht veränderbare Verträge (Darlehen, Abnahmeverpfl.)
- Geringe EK-Ausstattung wegen persönlicher Haftung
- Ermittlung des Unternehmerlohns / mitarbeitende Angehörige
- Geringes Datenmaterial (Steuerbilanz, keine statistischen Werte oder Prognoserechnung)

6. Grundsätze der Unternehmensbewertung

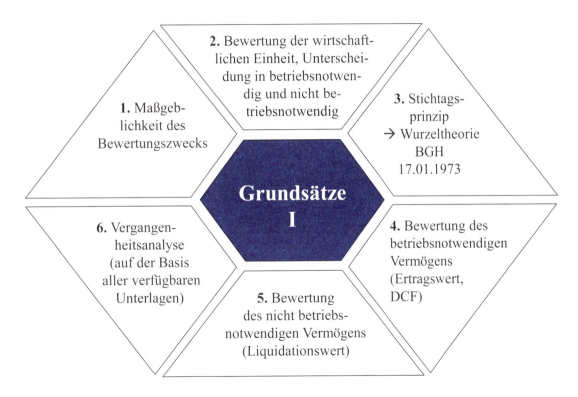

6. Grundsätze der Unternehmensbewertung

7. Verfahren der Unternehmensbewertung

7.1 Einzelbewertungsverfahren
7.1.1 Substanzwert

Substanzwert

Going-concern-Prämisse wird erfüllt.

Was würde der Nachbau des Unternehmens kosten?

betriebsnotwendiges Vermögen zum Reproduktionswert
+ nicht betriebsnotwendiges Vermögen zum Liquidationswert
− Schulden bei Fortführung
= **Substanzwert**

Zu beachten: Originärer Geschäfts- oder Firmenwert sowie nicht bilanzierungsfähige immaterielle Vermögensgegenstände sind nicht enthalten und müssen noch hinzugerechnet werden!

Keine gute Entscheidungsgrundlage!

7.1.2 Liquidationswert

Liquidationswert

Ermittlung des Werts bei Unternehmensaufgabe;

Going-concern-Prämisse wird nicht erfüllt;

➡ Was bleibt nach dem Verkauf der einzelnen Vermögensgegenstände und der Tilgung der Schulden übrig?

7.2 Gesamtbewertungsverfahren
7.2.1 Ertragswertverfahren
7.2.1.1 Konzeption

Konzeption

Bruttobetrachtung: Summe der Überschüsse aus dem operativen Ergebnis ergibt den Brutto-Unternehmenswert. Davon ist der Marktwert des Fremdkapitals abzuziehen.

Nettobetrachtung: Summe der Überschüsse nach Abzug der Fremdkapitalkosten

Es wird auf die Zahlungen (= erwarteter Ertrag in Periode t) vom Unternehmen an den Investor abgehoben. Diese werden mit der besten Alternativanlage verglichen.

$UW = \sum E_t / (1 + r)^t + N_0$

E_t: erwarteter Ertrag in Periode t
r: Kalkulationszinsfuß, ergibt sich aus der besten Alternativanlage
N_0: Barwert der Liquidationserlöse des nicht betriebsnotwendigen Vermögens

Der nicht finanzielle Nutzen (z.B. Prestige, Macht) ist nicht quantifizierbar.

7.2.1.2 Ertragsbegriffe

Ertragsbegriffe

Der **Einnahmenüberschuss des Investors** ist periodenspezifischer Saldo aller erwarteten Zu- und Abflüsse (Netto Ausschüttung) unter Berücksichtigung der individuellen Steuern.
→ ist theoretisch der richtige Ansatz

Problem: abhängig von der Gewinnverwendungspolitik

Annahme: benötigte Liquidität ist vorhanden, Thesaurierungssatz (= Reinvestition) wird fixiert

Der **Einnahmenüberschuss des Unternehmens** dient als Grundlage für Entnahmemöglichkeiten des Investors.

Problem: In der Finanzbuchhaltung werden nur Ertrag und Aufwand ermittelt, die Ausschüttung orientiert sich am Gewinn, muss aber diesem nicht entsprechen.

Ertragsbegriffe

Der **Ertragsüberschuss lt. GuV** ergibt sich aus den Gewinnen des Unternehmens, die wiederum aus der Finanzbuchhaltung abgeleitet werden können.

Problem: keine Rücksicht auf Ausschüttungsfähigkeit des Unternehmens (vorhandene Liquidität) oder steuerliche Gestaltungen

Annahme: volle Ausschüttungsfähigkeit der Gewinne und damit Entnahmemöglichkeiten für den Investor

7.2.1.3 Prognose

Prognose

Vergangenheits- und
Gegenwartsanalyse: **rechtliche Verhältnisse** (z.B. Gesellschaftsvertrag, Verträge mit Dritten),
wirtschaftliche Verhältnisse (z.B. Analyse von Umsatz, Kunden, Märkte, Produktpallette, Kostenstruktur),
Bereinigung der Vergangenheitswerte (z.B. handelsrechtliche Effekte, Wahlrechte, kalkulatorische Kosten, nicht betriebsnotwendiges Vermögen)

Unternehmensanalyse: **personelle Komponenten** (z.B. KMU-Gesellschafter-Geschäftsführer),
sachliche Komponenten (z.B. Innovationsfähigkeit, Wettbewerbssituation, Produktlebenszyklen, Lieferantenbeziehungen, Vertragskonditionen, Plausibilität und Glaubwürdigkeit des vorliegenden Geschäftsplans),
SWOT

Prognose

Umweltanalyse: **Gesamtmarkt:** z.B. technischer Fortschritt, Vorschriften, Arbeitsmarkt; **Branche:** z.B. Wettbewerb, Marktbarrieren, Wachstum, Marktsättigung, Preisentwicklung

→ **Auf der Basis dieser Analysedaten erfolgt die Prognose künftiger Erträge mittels:**

Plan-Bilanz, Planung der künftigen Kapitalstruktur, Plan-GuV, Plan-CF-Rechnung, Investitions- und Finanzplanung, Finanzbedarfsrechnung, Entnahmen und Einlagen, Substanzerhaltung vs. künftige Ausschüttungen, Personalplan

Persönliche Steuerwirkungen einbeziehen!

Ausgangspunkt: aktueller Geschäftsumfang, die einzelnen Faktoren werden im Sinne des Investors fortgeschrieben → ggf. Szenario-Analyse, wenn mehrere Entwicklungen möglich erscheinen

7.2 Gesamtbewertungsverfahren

Besonderheiten bei der Prognose

Nach dem Abschluss der Detailplanungsphase muss noch der **Terminal Value** (ewige Rente) berechnet werden.

Dafür bedarf es insbesondere einer Festlegung, nämlich der Begrenzung der mit der Prognose verbundenen Unsicherheiten durch die Annahme eines eingeschwungenen Zustands, daraus folgt z.B. die Festlegung eines Wachstumsabschlags oder der Inflation.

Für diese letzte Phase der Betrachtung haben z.B. technischer Fortschritt, Optimierung von Kapazitäten oder Marktknappheiten **keinen Einfluss**, weil sie in dieser Phase nicht prognostizierbar sind.

Besonderheiten bei der Prognose

Das **nicht betriebsnotwendiges Vermögen** (nbV) wirft künftig keine Erträge ab. Damit hat es keinen Einfluss auf den Ertragswert im eigentlichen Sinn. Die Veräußerung des nbV beeinflusst die Unternehmenstätigkeit nicht.

Somit hat das **nicht betriebsnotwendiges Vermögen** weder wertbezogen noch funktional einen Effekt auf den Unternehmenswert. Sein Wert ergibt sich aus:

Liquidationserlös
- Kosten der Liquidation
- Steuern auf Veräußerungsgewinne
= Netto-Liquidationserlös
- direkt zurechenbare Schulden
= Liquidationswert

Bei einer Veräußerung zu einem späteren Zeitpunkt ist der Liquidationswert abzuzinsen!

7.2.1.4 Kritik

Kritik am Ertragswertverfahren

Zufluss — Das Zuflussprinzip wird nicht beachtet. Diskontierung periodisierter Erträge statt finanzwirtschaftlicher Größen.

Bilanzpolitik — Bei der Ermittlung des Gewinns lassen sich zahlreiche bilanzpolitische Gestaltungsmöglichkeiten nutzen.

Risiko — Die vereinfachende Ermittlung von Risikozuschlägen für den Zinssatz erfolgt ohne theoretische Fundierung.

7.2.2 Discounted Cashflow-Verfahren
7.2.2.1 Konzeption

Konzeption

Der Discounted Cashflow wird durch Abzinsung der freien Cashflows je Periode mit einem dem Unternehmensrisiko entsprechenden Kapitalkostensatz bestimmt.

Jahresergebnis (lt. GuV)
- \+ Fremdkapitalzinsen
- − Tax Shield (Steuerersparnis infolge der Abzugsfähigkeit der FK-Zinsen)
- \+ Abschreibungen, Dotierung v. Rückstellungen u.a. nicht zahlungswirksamen Aufwendungen
- − Zuschreibungen, Auflösung v. Rückstellungen u.a. nicht zahlungswirksamen Erträge
- = Brutto Cashflow

- − Investitionen in AV abzüglich Einzahlungen aus Desinvestitionen
- +/− Verminderung/Erhöhung des Nettoumlaufvermögens (working capital)
- = Free Cashflow

7.2.2.2 WACC-Ansatz mit Free Cashflows

WACC-Ansatz mit Free Cashflows

- Es wird von einer vollständigen Eigenfinanzierung ausgegangen!
- Deshalb mindern weder Fremdkapitalzinsen noch Tax Shield oder Veränderungen von Schulden den FCF.
- Der FCF zeigt den Leistungsbereich des zu bewertenden Unternehmens.
- Der Zinssatz vermindert um den Steuersatz steht für den Finanzierungsbereich.
- Der FCF wird mit dem Mischzinsfuß r^{WACC} – dem WACC – diskontiert.
- Somit wird die Kapitalstruktur (der Verschuldungsgrad) über alle Perioden konstant vorgegeben.

$$r^{WACC} = r_{(FK)} * (1-s) * FK / GK + r_{(EK)v} * EK / GK$$

WACC-Ansatz mit Free Cashflows

- Der Marktwert des Gesamtkapitals ergibt sich aus:

$$GK = \sum FCF_t / (1 + r^{WACC})^t + N_0$$

- FCFs werden bis zum Planungshorizont T berücksichtigt. Danach wird eine ewige Rente (Terminal Value) angesetzt. Dabei wird ein konstantes Wachstum w angenommen:

$$GK = \sum FCF_t / (1 + r^{WACC})^t + FCF^{T+1} / ((1 + r^{WACC})^T * (r^{WACC} - w)) + N_0$$

WACC-Ansatz mit Free Cashflows

- Der Marktwert des Eigenkapitals (shareholder value) ergibt sich dann aus:

    Eigenkapital (EK) = Gesamtkapital (GK) – Fremdkapital (FK)

- Ermittlung der Renditeforderung der EK-geber erfolgt über das CAPM (s. S. 47)
- Ermittlung der Renditeforderung der FK-geber erfolgt getrennt:
    - im Finanzierungsbereich (Darlehen, Leasing, Pensionsrückstellungen), wobei nur marktübliche Konditionen berücksichtigt werden, und
    - im Leistungsbereich (Verbindlichkeiten aus L.u.L., Rückstellungen, Anzahlungen).

WACC-Ansatz mit Free Cashflows

Kritik:

- die Marktwerte für das Eigenkapital und das Fremdkapital sind unbekannt!
  Die Ermittlung des Unternehmenswerts führt in ein **Zirkularitätsproblem**!
- Konstanter Kapitalkostensatz – Konstanz der Kapitalstruktur
- Berücksichtigung des Steuervorteils aus der Verschuldung (Tax Shield) in den Kapitalkosten.
- Keine Aufteilung der tatsächlichen Konditionen für das Fremdkapital (z.B. Pensionszusagen an Mitarbeiter, Banken, Kapitalmarkt, Darlehen von Gesellschaftern).
  Im WACC wird ein einheitlicher Zinssatz verwendet.

7.2.2.3 WACC-Ansatz mit Total Cashflows

WACC-Ansatz mit Total Cashflows

- in der Praxis sehr selten
- Total CF = FCF + Tax Shield (Steuerersparnis aus FK-Zinsen)
- Die Steuerersparnis wird bereits in den Total CF berücksichtigt und nicht im Zinssatz:

$$r^{TCF} = r_{(FK)} * FK / GK + r_{(EK)v} * EK / GK$$

- Bei diesem Verfahren muss zusätzlich die Entwicklung des FK-Bestands und die daraus in den einzelnen Perioden resultierende Zinsbelastung prognostiziert werden.

7.2.2.4 APV-Ansatz

APV Verfahren

Die Ermittlung des Marktwerts des Adjusted Present Value (= Gesamtkapital) erfolgt in Komponenten:

1. der Marktwert des EK des als **fiktiv unverschuldet** angenommenen Unternehmens. Dabei wird der FCF mit der risikoäquivalenten Renditeforderung des Investors bei reiner Eigenfinanzierung diskontiert.

$$EK^U = \sum FCF_t / (1 + r_{EK}^u)^t$$

2. die Auswirkungen der Fremdfinanzierung über den dann vorhandenen Tax Shield (TS). Der Barwert der Tax Shields pro Periode stellt den Wertbeitrag der Fremdfinanzierung dar:

$$TS_t = s * r_{FK} * FK_{t-1}$$

→ Der Wert des Gesamtkapitals des verschuldeten Unternehmens ergibt sich somit aus:

$$GK = \sum FCF_t / (1 + r_{EK}^u)^t + \sum TS_t / (1 + r_{FK})^t$$

APV Verfahren

Zugrunde liegende Annahmen:
- Die Renditeforderung der Eigenkapitalgeber für das unverschuldete Unternehmen sind bekannt.
- Die Berechnung mit dem Fremdkapitalzins erfolgt tatsächlich mit dem risikolosen Zinssatz.
- Die Steuerersparnisse gelten als sicher,
  → deshalb erfolgt die Berechnung des Tax Shields mit risikolosem Zinssatz.
- Nur betriebsnotwendiges Vermögen wird berücksichtigt.

APV Verfahren

Kritik:
- Die Renditeforderung der EK-Geber für das unverschuldete Unternehmen ist in der Realität nicht ermittelbar.
- Der Barwert der Steuervorteile wird stark vereinfacht ermittelt:
    - Die Steuerersparnisse gelten aufgrund der angenommenen ausreichend vorhandenen künftigen Gewinne als sicher und
    - die Tax Shield-Berechnung erfolgt mit dem risikolosen Fremdkapitalzinssatz.

7.2.2.5 Netto-Verfahren

Equity Approach (Netto-Verfahren)

- ➢ Prognose des Flow to Equity (FTE)
- ➢ FTE = Einzahlungsüberschüsse, die allein den EK-Gebern zustehen, zeigen:
  - als finanzwirtschaftliche Größe die Innenfinanzierungskraft,
  - als erfolgswirtschaftliche Größe die Ertragskraft.
- ➢ Dafür muss in Erfahrung gebracht werden,
  - welche Ausschüttungspolitik bisher im Unternehmen verfolgt wurde und
  - wie bisher thesauriert oder Rücklagen aufgelöst wurden.
- ➢ Ein Unternehmensplan ist aufzustellen:
  - → Plan-Bilanz/Plan-GuV/Finanzplan, der alle Zahlungen zwischen dem Unternehmen und seiner Umwelt erfasst.

Equity Approach (Netto-Verfahren)

➢ bereits bei der Ermittlung des FTE sind künftige Fremdkapitalzinsen und Änderungen des Fremdkapitals zu erfassen. Es geht also um die ausschüttungsfähigen CFs (die vom Unternehmen erwirtschafteten finanziellen Überschüsse nach Vornahme aller vorteilhaften Investitionen)

Jahresergebnis (lt. GuV)
- $+$ Abschreibungen, Dotierung v. Rückstellungen u.a. nicht zahlungswirksamen Aufwendungen
-   Zuschreibungen, Auflösung v. Rückstellungen u.a. nicht zahlungswirksamen Erträge
- $-$ Investitionen ins Anlagevermögen abzüglich Einzahlungen aus Desinvestitionen
- $+/-$ Verminderung/Erhöhung des Nettoumlaufvermögens (working capital)
- $+/-$ Kreditaufnahme/Tilgung von Fremdkapital
- $=$ Flow to Equity

7.2 Gesamtbewertungsverfahren

Equity Approach (Netto-Verfahren)

Marktwert des Eigenkapitals:

$$EK = \sum FTE_t / (1 + r_{(EK)v,t})^t + FTE^{T+1} / ((1 + r_{(EK)v,t})^T * (r_{(EK)v,t} - w)) + N_0$$

$$EK = \sum FTE_t / (1 + r_{(EK)v,t})^t + TV^{T+1} / (1 + r_{(EK)v,t})^T + N_0$$

- ➢ Dieses Verfahren entspricht im Prinzip dem Ertragswertverfahren, wenn die geforderte EK-Rendite $r_{(EK)v,t}$ bestehend aus Zinssatz und Risikoprämie kapitalmarktorientiert abgeleitet wird (CAPM).
- ➢ Kein Mischzinssatz!
- ➢ Risiken werden berücksichtigt indem entweder:
  - Risikozuschläge beim Zinssatz eingerechnet werden oder
  - mit Sicherheitsäquivalenten und risikofreiem Zinssatz gerechnet wird.

Equity Approach (Netto-Verfahren)

Kritik:
- In der Realität existieren unterschiedliche Risiken und laufzeitabhängige Zinssätze.
- Es wird mit einem konstanten Zinssatz gerechnet.
- Persönliche Steuern werden nicht berücksichtigt.

7.2.3 Ermittlung des Basiszinssatzes

Kalkulationszinsfuß

Vom Investor geforderte Mindestrendite (= Basiszins + Risikozuschlag)

Ergibt sich aus dem Zinssatz der Alternativanlage,
Deutsche Bundesbank veröffentlicht die Parameter zur Ermittlung
der Zinsstrukturkurve

Risikoloser Basiszins abzüglich Steuersatz
+ Risikozuschlag
− Inflations-/Wachstumsabschlag (nur bei Terminal Value)
= Kapitalisierungszins

Risikozuschlag für: operatives Risiko (Produkthaftung), Marktrisiken (Wettbewerb, Konjunktur), Kapitalstrukturrisiko, Marktgängigkeit des Unternehmens

Problem: Prognose bei unendlicher Laufzeit

- Vereinfachung: Umlaufrendite öffentlicher Anleihen mit einer Restlaufzeit von mind. 10 Jahren
- Bestimmung des laufzeitäquivalenten Zerobond-Diskontierungsfaktors am Bewertungsstichtag aus der Zinsstrukturkurve für Bundesanleihen

Ermittlung des Basiszinssatzes

- Risikolose alternative Anlagemöglichkeit am Kapitalmarkt entspricht der Mindestrenditeerwartung des Investors;
- Staatsanleihen höchster Bonität dienen als Grundlage – allerdings mit begrenzter Laufzeit, daher besteht das Problem der fehlenden Laufzeitäquivalenz (zeitlich unbegrenzte Investition ins Unternehmen);
- Lösung: Annahme der unbegrenzten Wiederanlage in Staatsanleihen
- Somit liegt ein laufzeitunabhängiger Basiszinssatz zugrunde:
  - langfristig historische Durchschnittsrendite (Aussage für die Zukunft?) oder
  - Rendite lang laufender Anleihen am Bewertungsstichtag (Anschlussverzinsung?)
- Führt in beiden Fällen zu Fehlbewertungen.

Ermittlung des Basiszinssatzes

- Theoretisch richtig, wäre der laufzeitabhängige Basiszinssatz.
- Es wird eine Zinsstrukturkurve aus Renditen kupontragender Bundesanleihen nach der **Svensson Methode** ermittelt. Damit kann für jeden beliebigen Bewertungsstichtag und jede beliebige Laufzeit der fristadäquate Diskontierungsfaktor ermittelt werden.
- Die erforderlichen Schätzparameter für die Ermittlung einer kontinuierlichen Zinsstrukturkurve werden täglich von der **Deutschen Bundesbank** (bzw. **EZB**) auf der Basis von börsennotierten kupontragenden Anleihen, Obligationen oder Schatzanweisungen des Bundes (bzw. Anleihen von Staaten der Eurozone mit AAA-Rating) publiziert.
- EZB-Wert enthält Risikoprämien für größere Bonitätsrisiken einzelner Euroländer.

Ermittlung des Basiszinssatzes

- Zahlungen für Zeiträume bis T (= 30 Jahre) werden mit jeweils laufzeitspezifischen spot rates diskontiert.
- Für Laufzeiten ab T + 1 wird die spot rate für T als konstant angenommen. Es liegt die Annahme zugrunde, dass die Zinsstrukturkurve ab der Restlaufzeit T flach verläuft.
- Der einheitliche Basiszinssatz wird in der Praxis aus dem Durchschnitt der Zinsstrukturkurven der letzten drei Monate ermittelt und auf ¼-Prozentpunkte gerundet.

Ermittlung des Basiszinssatzes

- Seit der Finanzmarktkrise 2008: extrem niedriges Zinsniveau
  (zeitweise sogar negative Renditen)
  → Adjustierung der Risikoprämie, um nicht erklärbare Differenzen zwischen berechneten Unternehmenswerten und den an der Börse gebildeten Marktpreisen zu vermeiden.
- Die Gesamtrendite (= Basiszinssatz + Risikoprämie) für Aktien ist aufgrund der Krise nicht gesunken.
- **Deshalb:** Ein sinkender Basiszinssatz verlangt in diesem Krisenfall eine steigende Risikoprämie!

7.2.4 Berücksichtigung von Risiko und Geldwertänderung

Berücksichtigung von Unsicherheit

Ein rational handelnder Investor wird sich nur dann an einem Unternehmen beteiligen, wenn er als Ausgleich für das im Vergleich zur risikolosen Anlage größere Risiko auch mehr Rendite erwirtschaftet:

Individualistischer Ansatz: Bewertung der künftigen Erträge (wie auch CF) orientiert sich allein an den Risikopräferenzen des Investors.

→ **nicht machbar!**

Kapitalmarktorientierter Ansatz: Die Risikoprämie ist über Marktdaten zu ermitteln. In den Börsenkursen wird der Preis des Risikos sichtbar.

→ **Problem der Vergleichbarkeit!**

7.2.4.1 Risikozuschlag und Sicherheitsäquivalenz

Risikozuschlagsmethode

- Subjektive Werte für künftige Erträge pro Periode unter Berücksichtigung von Risiko, Besteuerung, Finanzierung, Synergien lassen sich als Erwartungswert **µ(E$_t$)** darstellen.
- Risikozuschlag **z** auf den risikofreien Basiszinssatz **r** berücksichtigt das allgemeine unternehmerische Risiko (politisch, juristisch, konjunkturell, technisch);
für das unternehmensspezifische Risiko gibt es keinen Zuschlag – dies wird über die Diversifikation im Portfolio des Investors eliminiert.
- $UW = \sum \mu(E_t) / (1 + r + z)^t + N_0$

Sicherheitsäquivalenzmethode

- Unsichere künftige Erträge werden durch die subjektive Wahrscheinlichkeitsverteilung des Investors (Risikopräferenz und Prognoseunsicherheit) konkretisiert. Daraus ergeben sich die seiner subjektiven Risikoneigung entsprechenden Sicherheitsäquivalente (SÄ)
  → ein subjektiv risikoäquivalenter **sicherer** Wert!
- Die individuelle Nutzenfunktion des Investors ist zu ermitteln!
- So werden risikofreie Überschüsse ermittelt, die mit einem risikofreien Zinssatz abgezinst werden.
- $UW = \sum SÄ(E_t) / (1 + r)^t + N_0$
- Dies ist dann der Wert, den ein risikoaverser Investor bereit wäre zu akzeptieren, um jegliche Unsicherheiten und die damit verbundenen Chancen zu verkaufen.

Sicherheitsäquivalenzmethode

- Das Sicherheitsäquivalent ist der risikobereinigte Wert für eine Periode. Er muss also bei einer mehrjährigen Betrachtung fortgeführt und für jede Periode neu berechnet werden.
- Die Kapitalstruktur spielt keine Rolle.
- $SÄ(\mu, \sigma) = \mu - \alpha / 2 * \sigma^2$

  μ: Erwartungswert des Ertrags (CF) $\quad\quad$ α: Risikoaversionsparameter
  σ^2: Varianz des Ertrags (CF)

- Berechnung der Standardabweichung: $\quad\quad \sigma = (Ertrag - \mu) / Z$

  Z: Wert der kumulierten Ausfallwahrscheinlichkeiten (wird von Rating-Agenturen regelmäßig empirisch ermittelt)

Sicherheitsäquivalenzmethode

➢ Berechnung des Risikoaversionsparameters: $\quad \alpha = -2P_m (r_f - r_m) / \sigma_m^2$

P_m: erwarteter Marktpreis
r_f: risikofreier Zinssatz
r_m: erwartete Rendite des Marktportfolios

➢ Die mathematische Herleitung ist bei Lampenius/Philippi-Beck zu finden.

Kritik an der Sicherheitsäquivalenzmethode

- Unterstellung, dass CF = 0 zur Insolvenz führt → müssten aber negative CF sein.
- Erhöhung des erwarteten CF führt zu unlogischen Ergebnissen aufgrund der quadrierten Werte der Standardabweichung → keine lineare Fortschreibung des Unternehmenswerts möglich.
- Es liegt keine individuelle Nutzen- oder Präferenzfunktion des Investors zugrunde.
- Es werden theoretische Werte verwendet.
- Es werden kumulierte aber keine unternehmensspezifischen Ausfallwahrscheinlichkeiten berücksichtigt.

Kritik an der Sicherheitsäquivalenzmethode

➢ Änderungen des Geschäftsmodells oder der Kapitalstruktur werden nicht berücksichtigt.

➢ Die Ableitung der Risikonutzenfunktion der jeweiligen Entscheider (bzw. jeder einzelnen beteiligten Person) ist praktisch nicht umsetzbar (zu komplex).

➡ Diese Methode ist praktisch nicht anwendbar!

7.2.4.2 CAPM und Tax-CAPM

Modellbeschreibung

Das Capital Asset Pricing Modell (CAPM) dient zur Erklärung der Preisbildung am Kapitalmarkt; dabei wird das Risiko in ein systematisches und ein unsystematisches unterteilt.

- unsystematisches Risiko: unabhängig vom Gesamtmarkt, wird über ein diversifiziertes Portfolio eliminiert – **kein** Risikoaufschlag
  (z.B. Gewinnsprünge, Übernahme, Insolvenzen)
- systematisches Risiko: Renditeschwankungen des Gesamtmarkts werden durch den Risikoaufschlag **z** berücksichtigt
- Der **β-Faktor** erfasst das **unternehmensspezifische** systematische Risiko.
- $z = \beta * (E(r_m) - r_f)$

    $E(r_m)$: Erwartungswert der Rendite des Marktportfolios
    r_f: risikofreier Basiszinssatz

Zugrundeliegende Annahmen

- Risikoscheue Anleger maximieren den Erwartungswert des Risikonutzens ihres Vermögens am Ende des Planungszeitraums.
- Der Planungszeitraum beträgt eine Periode.
- Alle Anleger haben die gleichen Erwartungen.
- Kapitalaufnahme und -anlage zum risikolosen Zinssatz ist unbeschränkt möglich.
- Die Menge der gehandelten, beliebig teilbaren Wertpapiere ist vorgegeben.
- Der Markt ist informationseffizient. Informationen sind kostenlos.
- Keine Beschränkungen, keine Transaktionskosten, keine Steuern.

Berücksichtigung von Steuern

Berücksichtigung steuerlicher Effekte; aufgrund der Abgeltungssteuer:
- Grenzsteuersatz für Zinseinkünfte: s = 25%
- Grenzsteuersatz für Dividenden und Kursgewinne: s = 25%

Deshalb ergibt sich als Nachsteuerrendite des typisierten Investors:

$$r_i^{nSt} = (r_f(1-s_{AS}) + \beta(r_m^{vSt} - d_m * s_{AS} - k_m * s_k - r_f(1-s_{AS})))$$

d_m: Dividendenrendite des Marktportfolios

k_m: Kursrendite des Marktportfolios

$s_{AS/k}$: Effektiver Steuersatz auf Ausschüttungen/Kursgewinne

Kritik am Tax CAPM

- Einperiodisches Modell
- Die Kenntnis der Risikonutzenfunktionen der Marktteilnehmer ist notwendig! Da diese aber nicht beschaffbar sind → einheitliche Steuersätze für alle.
- Annahme: In jeder Periode fallen Kursgewinne an, die besteuert werden müssen.
- Unterschiedliche Besteuerung von Dividenden und Kursgewinnen führt zu zusätzlicher Komplexität.
- IDW hat typisierend die Besteuerung von Veräußerungsgewinnen mit 12,5% unterstellt.

7.2.4.3 β-Faktor

Bedeutung des β-Faktors im CAPM

Im CAPM setzt sich die Renditeerwartung eines einzelnen Wertpapiers i aus der risikolosen Rendite r_f und einer Risikoprämie, die sich aus dem Marktpreis für die Risikoübernahme auf dem Kapitalmarkt $(E(r_m) - r_f)$ multipliziert mit dem **Maß für das unternehmensspezifische systematische Risiko des Wertpapiers β_i** ergibt, zusammen.

- $\beta_i = 1$ Renditeerwartung des Wertpapiers entspricht dem Erwartungswert der Rendite des Marktportfolios
- $\beta_i = 0$ Renditeerwartung des Wertpapiers ist nicht von Schwankungen der Rendite des Marktportfolios betroffen
- $\beta_i = 2$ Marktrendite: 10%, Aktie: + 20%
- $\beta_i = -1{,}5$ Marktrendite: 10%, Aktie: – 15%

β-Faktor

Ermittlung:

Historische Aktienrendite: basiert auf objektiv beobachtbaren Kapitalmarktdaten, messbar sind nur verschuldete β-Faktoren, weit verbreiteter Ansatz.
Probleme der Ermittlung resultieren aus der Qualität der Datenquellen, der Bestimmung des Berechnungszeitraums, der Erhebungsfrequenz und dass nur börsennotierte Unternehmen erfasst werden.

Analogie: Daten von börsennotierten Unternehmen oder Branchen – Industrie Beta
Vergleichsunternehmen – Peer Group Beta
ein einziges Vergleichsunternehmen – Pure Peer Group Beta
Zur Bewertung nicht börsennotierter Unternehmen: Die Risikostrukturen des operativen Geschäfts sollten sich gleichen, ebenso die Finanzierungsstrukturen.

β-Faktor

Ermittlung:

Analyse: unternehmensbezogene Marktdaten in Relation zu im Rechnungswesen beobachtbaren Werten analysieren, Faktoren bestimmen und deren Einfluss auf den Geschäftsbereich ermitteln:
Buchhaltungsgrößen – Accounting Beta
Volkswirtschaftliche Faktoren – fundamental Beta
→ dienen in der Regel nur zur Verprobung; diese Betas haben nur wenig mit Kapitalmarkt-Betas zu tun; Jahresabschlüsse werden nur einmal jährlich erstellt (ggf. Quartalsabschlüsse)
→ zu wenige Daten und bilanzpolitische Effekte erschweren die Auswertung

β-Faktor

Ermittlung des Erwartungswerts der Rendite des Wertpapiers i:

$$E(r_i) = r_f + (E(r_m) - r_f) / \sigma^2_m * cov(r_i; r_m)$$

$$\beta_i = cov(r_i; r_m) / \sigma^2_m$$

$E(r_m)$: Erwartungswerts der Rendite des Marktportfolios

σ^2_m: Varianz der Rendite des Marktportfolios

$cov(r_i; r_m)$: Kovarianz der Rendite des Wertpapiers i mit der Rendite des Marktportfolios

β-Faktor

Anpassung des β-Faktors an die Kapitalstruktur des zu bewertenden Unternehmens:

$\beta_i = \beta_i^u * (1 + (1 - s) * FK^{MW} / EK^{MW})$ verschuldetes Unternehmen
(levered Beta)

$\beta_i^u = \beta_i / (1 + (1 - s) * FK^{MW} / EK^{MW})$ unverschuldetes Unternehmen
(unlevered Beta)

FK^{MW} / EK^{MW}: die bekannten Marktwerte des Fremd- und des Eigenkapitals im Vergleichsunternehmen

7.2.5 Gegenüberstellung der DCF-Verfahren

WACC	Equity-Approach	APV-Verfahren
Free CF oder Total CF	Flow to Equity	Free CF
Mischzinsfuß aus Renditeforderung des Investors für das verschuldete Unternehmen und Fremdkapitalkosten	Renditeforderung des Investors für das verschuldete Unternehmen	Renditeforderung des Investors für das unverschuldete Unternehmen
Ermittlung des Marktwerts des Gesamtkapitals (GK) abzügl. des Marktwerts des verzinslichen Fremdkapitals ergibt das Shareholder Value	Berechnung des Marktwerts des EK (= Shareholder Value)	Ermittlung des Marktwerts des unverschuldeten Unternehmens zuzüglich des Barwerts des Tax Shields ergibt den Marktwert des Gesamtkapitals, abzüglich des Marktwerts des verzinslichen Fremdkapitals ergibt das Shareholder Value

Vgl. *Mandel/Rabel*, in: Peemöller (Hrsg.): Praxishandbuch der Unternehmensbewertung

7.2 Gesamtbewertungsverfahren

Gegenüberstellung

Der Marktwert des Shareholder Values wird generell durch Diskontierung künftiger CF ermittelt. Unterschiede bestehen hinsichtlich CF-Größe, Diskontierungssatz und Berücksichtigung von Kapitalstrukturänderungen.

Equity Approach:
- Änderungen der Kapitalstruktur verändern Renditeforderung des Investors
- explizite Planung der CF aus Fremdfinanzierung
- gilt als transparenteres Verfahren

WACC-Ansatz:
- Annahme: Kapitalstruktur künftig konstant
- FK-Kosten führen aufgrund von ausreichenden Gewinnen immer zur vollen Steuerersparnis
- Verzicht auf Planung der CF aus Fremdfinanz

APV-Verfahren:
- autonome Finanzierungsstrategie
- Renditeforderung des Investors für ein unverschuldetes Unternehmen ist bekannt
- Änderungen der Kapitalstruktur ändern den Diskontierungssatz nicht

7.2.6 Verbindungen von Ertragswert- und DCF-Verfahren

	Ertragswertverfahren auf Basis von Netto-CF beim Investor	**WACC-Ansatz auf Basis von Free CF**
Konzeption	Individueller Alternativenvergleich	Kapitalmarktorientierung
Methodik	Kapitalwertmethode	Kapitalwertmethode
Diskontierte Größe	Netto CF beim Investor	Free CF
Diskontierungssatz	Individuelle Alternativrendite	Gewogener Kapitalkostensatz aus Renditeforderung des Investors
Risikoberücksichtigung	Individuell (durch Risikozuschlag oder Sicherheitsäquivalent)	Ableitung aus kapitalmarkt-theoretischen Modellen (z.B. CAPM)
Berücksichtigung der Besteuerung	Unternehmenssteuern und persönliche Steuern	nur Unternehmenssteuern

Vgl. *Mandel/Rabel*, in: Peemöller (Hrsg.): Praxishandbuch der Unternehmensbewertung.

Ertragswert und WACC-Ansatz

Sie führen zu identischen Ergebnissen, wenn:
- dieselben Daten zugrunde liegen,
- der Unternehmenssteuersatz s gleich definiert ist und
- die Aufrechterhaltung der Kapitalstruktur in Marktwerten aufgrund entsprechender Planung sicher ist.

Ertragswert und Equity-Ansatz

Sie führen zu identischen Ergebnissen, wenn:
- dieselben Daten zugrunde liegen und
- die risikoangepassten Opportunitätskosten identisch erfasst werden, d.h. wenn die geforderte EK-Rendite $r_{(EK)v,t}$ bestehend aus Zinssatz und Risikoprämie kapitalmarktorientiert (CAPM) abgeleitet wird.

Ertragswert und APV-Ansatz

Der APV-Ansatz lässt sich in das Ertragswertkalkül überführen, wenn:

- dieselben Daten zugrunde liegen und
- die folgenden Besonderheiten des APV-Ansatzes berücksichtigt werden, es wird nämlich:
    - mit dem risikoangepassten Zinsfuß für ein rein eigenfinanziertes Unternehmen gerechnet und
    - angenommen, die Steuervorteile seien sicher und deshalb werden sie mit dem risikolosen Zinssatz diskontiert.

7.2.7 Terminal Value

Ausgangslage

Unternehmensbewertung in zwei bzw. drei Planungsphasen:

Detailplanung / Grobplanung / Terminal Value

Detailplanung: gem. IDW drei bis fünf Jahre in Abhängigkeit von der konkreten Unternehmens- oder Branchensituation; Erstellung von Plan-Bilanzen, Plan-GuV, Finanzbedarfsrechnung, usw. → orientiert sich am Branchen- bzw. Marktzyklus und der Unternehmensstrategie

Grobplanung: Dauer einzelfallbezogen; einzelne Parameter werden weiterhin detailliert geschätzt, andere nur pauschal fortgeschrieben. So liegen z.B. längerfristige Investitionspläne vor, aber künftige Umsätze lassen sich nur sehr begrenzt planen.

Ausgangslage

Unternehmensbewertung in 2 bzw. 3 Planungsphasen:

Detailplanung / Grobplanung / Terminal Value

Terminal Value = ewige Rente; nicht planbar, daher „eingeschwungener Zustand"
Niedriger Zins und Wachstumsabschlag führen dazu, dass dieser Wert einen sehr großen Anteil am Unternehmenswert ausmacht (ggf. bis zu 100 % möglich).

Im heutige Bewertungsumfeld (computergestützte Modelle, Einsatz enormer Rechnerkapazitäten, professionelle Bewerter) sollte der Startpunkt der TV-Phase zeitlich nach hinten geschoben und sein Anteil am Unternehmenswert dadurch verringert werden.

Ausgangslage

Die Berechnung eines Terminal Values wird bei einem **Going-concern-Ansatz** benötigt, weil bei einer angenommen unendlichen Fortführung des Unternehmens, nur ein barwertbasiertes Verfahren zur Anwendung kommen kann.

Legt der Investor einen **transaktionsbezogenen Ansatz** zugrunde, steht der Verkauf am Ende der Detailphase schon fest. Deshalb kann ein zu erwartender Verkaufspreis als letzter Wert in der Zahlungsreihe der Investition angenommen werden. Dieser kann sogar ggf. mit der Multiplikator-Methode ermittelt werden.

Grundlagen

Grundprinzipien des Terminal Values:

1. Modellkonsistenz
2. Renditeorientierung
3. Cashflow Timing

Es bedarf eines harmonischen Zusammenspiels dieser Prinzipien.

Probleme:

- Starke Prognoseunsicherheit (weil ewig?!)
- Relativ großer Anteil am Unternehmenswert

Gordon/Shapiro Modell

Bedingungen:

- Konstante operative Renditen (ermöglichen Erweiterungsinvestitionen, weil nur dann die erforderlichen Mittel thesauriert werden können)
- Keine Inflation
- Konstante Investitionstätigkeit (entspricht AfA im eingeschwungenen Zustand – führt aber nur zu einer nominalen Substanzerhaltung)
- Zustand der Sicherheit

$$UW_n = \sum FCF_t / (1 + r)^{t-n} = FCF_{n+1} / (r - w)$$

FCF_{n+1}: Free Cashflow der Periode n + 1, maximal ausschüttbar
r: Diskontierungssatz
w: nachhaltige Wachstumsrate

Gordon/Shapiro Modell

Unter Berücksichtigung einer Ausschüttungsquote:

$$UW = FCF_{n+1} * q / (r - w) \quad \text{mit } w = (1 - q) * i$$

q: Ausschüttungsquote bezogen auf FCF (mit q = 100% wird nur nominal Substanz erhalten)

i: erwartete Verzinsung der Erweiterungsinvestition

w: nachhaltige Wachstumsrate

→ nur im eingeschwungenen Zustand über mehrere Perioden

Anpassungen

➢ **Berücksichtigung der Inflation** über eine einheitliche Preissteigerungsrate:

$$r_n = (1 + r_r)(1 + z) - 1 \quad \rightarrow \textit{Nominalzins = Realzins + erwartete Inflationsrate}$$

r_n: nominale Rendite
r_r: reale Rendite
z: Inflationsrate (= allg. Preissteigerungen + technolog. Fortschritt)

=> dadurch unendlich langes, periodisches Anwachsen des Zahlungsstroms
=> zumindest die leistungsgleiche (reale) Substanzerhaltung muss gesichert sein

➢ **Zahlungsströme:** erst nach Berücksichtigung der Ersatzinvestitionen diskontieren

Anpassungen

➢ **Zyklische Schwankungen:**
Der Unternehmenswert ist groß vor einem Aufschwung und klein vor einem Abschwung. Die Erfolgsentwicklung kann somit abhängig vom Konjunkturzyklus sein; folgende Varianten sind z.B. möglich:
– mit der Konjunktur oder komplett gegen den Zyklus
– unabhängig von der makroökonomischen Entwicklung
– überdurchschnittlich im Aufschwung
– zu Beginn des Abschwungs wird Stärke gezeigt

Zeitpunktwerte taugen daher nicht als Basis für den UW. Es gilt den optimalen Punkt zu finden, um in die TV-Phase einzusteigen.

Anpassungen

- Zwei wesentliche, dabei zu berücksichtigende Effekte:
  - **DOL – Degree of Operating Leverage:**
    Unternehmen können kurz- bis mittelfristig ihre Fixkosten nicht an veränderte Auftragslagen anpassen. (Z.B. ergibt sich im Abschwung eine relativ höhere Gesamtkostenbelastung.)
  - **DFL – Degree of Financial Leverage:**
    Die FK-Bestände reagieren fast nicht auf zyklische Schwankungen. Die Zahlungsströme für Zinsen bleiben konstant.
- **Schätzung der nachhaltigen steuerlichen Abschreibungsrate**
  → Annahme einer gleichgewichteten Abschreibung bei homogener Altersstruktur der Anlagen

Anpassungen

- Die **Wachstumsrate** ist zu adjustieren bezüglich Fremdkapitalanteil, Fixkostenanteil, Zykluslänge, usw.

- Festlegen der **Verschuldung**: Entwicklung des FK-Bestands in Prozent von Zahlungsströmen, Buchwerten oder GuV-Größen. Der Verschuldungsgrad hat Einfluss auf die Eigenkapitalkosten und den Tax-Shield.

    Annahme: konstante Verhältnisse, d.h. mit der Wachstumsrate steigt der FK-Bestand

    Vereinfachung: einheitliche Diskontierungsrate

7.3 Multiplikatorverfahren
7.3.1 Grundlagen

Grundlagen

- Wertermittlung durch Ableitung von Börsenkursen, realisierten Marktpreisen oder anderer Bezugsgrößen vergleichbarer Unternehmen
- Unternehmen mit vergleichbaren Merkmalen (Wachstum, Wettbewerb, Risiko, Kapitalkosten) in derselben Branche
- Vergleich über den Kapitalmarkt im Vertrauen auf das Funktionieren der Marktmechanismen
- Hilfsgröße für die Schätzung des Barwerts künftiger Einzahlungsüberschüsse

Grundlagen

- vergleichbare Transaktionen dahingehend analysieren, welche Preise für vergleichbare Unternehmen gezahlt wurden und welche Multiplikatoren zur Anwendung kamen

- kommt bei kleinen Unternehmen oder Kanzleien/Praxen mit einem Multiplikator auf eine Umsatz- oder Gewinngröße mittels einer Faustregel zur Anwendung
(keine Analyse sondern allgemein akzeptierte Größe)

- Anwendung in einer Test-, einer Indikations- oder einer Unterstützungsfunktion
in Ergänzung zur Bewertung mit dem Ertragswert- oder einem DCF-Verfahren

7.3.2 Comparative Company Approach
7.3.2.1 Similar Public Company Method

Comparative Company Approch

- Ableitung des Unternehmenswerts nach dem Verhältnis Schlüsselgröße (CF, JÜ) zur entsprechenden Größe eines anderen Unternehmens aus dessen Unternehmenswert
- Dabei lassen sich unterscheiden:

  ➡ **Similar Public Company Method (SPCM)**: Der Unternehmenswert wird vom Börsenwert eines vergleichbaren Unternehmens abgeleitet, das an der Börse notiert ist.
  Voraussetzung: effizienter Kapitalmarkt mit vielen notierten Unternehmen
  Anpassungen sind ggf. notwendig:
  - Abschläge wegen geringer Fungibilität der Anteile,
  - Zuschlag (Premium) beim Verkauf eines Mehrheitsanteils oder ganzen Unternehmens

7.3.2.2 Recent Acquisition Method

Comparative Company Approch

➡ **Recent Acquisition Method (RAM)**: Der Unternehmenswert wird aus den Kaufpreisen kürzlich verkaufter Unternehmen abgeleitet.

Voraussetzungen:
- Große Anzahl zeitnaher Transaktionen mit vergleichbaren Unternehmen
- Tatsächliche Kenntnis der realisierten Kaufpreise
- Zur Verfügung stehende Datenbanken bzw. Informationsquellen

7.3.2.3 Initial Public Offering Method

➡ **Initial Public Offering Method (IPOM)**: Der Unternehmenswert wird aus dem Emissionswert eines kürzlich an die Börse gegangenen Unternehmens abgeleitet.

Voraussetzung: Informationen über Börseneinführungen stehen zur Verfügung.

Problem: Zeitnahe Vergleichbarkeit gelingt nur selten, weil die Zahl aktueller Börsengänge vergleichbarer Unternehmen zu gering ist.

Comparative Company Approch

- **Beispiel:**

Jahresüberschuss (oder CF) Unternehmen A:	150
Jahresüberschuss (oder CF) Unternehmen B:	200
(Emissions-)Preis/Börsenwert Unternehmens B:	1.000
→ Wert Unternehmen A:	750

- Beispielaufgaben zur Vertiefung in Henselmann:

  Fälle 135, 136 und 137

7.3.3 Multiplikatorverfahren bei KMU

Verfahren auf der Basis von Erfahrungswerten

- Dienen nur zur Orientierung oder Plausibilitätskontrolle, insbesondere bei KMU
- Überschlägige Berechnungen anhand von Erfahrungssätzen (Daumenregeln)
- Sehr stark vereinfachte Vorgehensweise!
- Multiplikation einer Kenngröße (Gewinn, CF, Umsatz) mit einem branchenbezogenen Faktor (z.B. 3,5 * durchschnittlicher EBIT der letzten 5 Jahre), Unternehmenswert ergibt sich damit aus in der Vergangenheit in der jeweiligen Branche bei Unternehmensverkäufen realisierten Preisen
- Keine Kenntnis von Börsenwerten oder tatsächlich realisierten Marktpreisen von Vergleichsunternehmen
- Nicht betriebsnotwendiges Vermögen ist separat zu berücksichtigen

7.4 Mischverfahren

Konzeption und Ausprägungen

Kombinationsverfahren aus Gesamtbewertungs- und Einzelbewertungsverfahren, welche die Elemente beider Verfahrenstypen über einen Mischwert in die Bewertung einfließen lassen

1. Mittelwertverfahren:

Einfachster Fall: das arithmetische Mittel aus Substanzwert (SW) und Ertragswert (EW)

$$UW = (SW + EW) / 2 \quad \text{(Wiener Verfahren)}$$

Weitere Spielarten ergeben sich aus unterschiedlichen Gewichtungen der einbezogenen Komponenten, z.B.:

$UW = (SW + 2 * EW) / 3$ (Schweizer Verfahren) \quad oder $UW = (3 * SW + EW) / 4$

Die Anwendung einer bestimmten Ausprägung lässt sich jedoch in keinem Fall überzeugend begründen.

Konzeption und Ausprägungen

2. Übergewinnverfahren (z.B. Stuttgarter Verfahren):

Kommen in der heutigen Praxis eigentlich nicht mehr zur Anwendung. Allerdings können ältere Gesellschaftsverträge ein solches Verfahren ausdrücklich vorsehen. Zum 01. Januar 2009 wurde das Stuttgarter Verfahren für die erbschaftsteuerliche Bewertung abgeschafft.
(Bezüglich Rechenformel siehe R 98 ff. ErbStR 2003.)

Grundüberlegung dieses Verfahrens:
Ein Unternehmen erwirtschaftet langfristig immer nur eine Normalverzinsung des eingesetzten Kapitals, darüber hinausgehende Mehrgewinne resultieren aus zeitlich begrenzten positiven Effekten
(z.B. Monopolstellung, gute Konjunktur, überdurchschnittliche Managementleistungen).

Konzeption und Ausprägungen

2. Übergewinnverfahren (z.B. Stuttgarter Verfahren):

Annahmen:

➤ Der Übergewinn ist ein über die Normalverzinsung hinaus erwirtschafteter Periodengewinn und wird nur für eine begrenzte Zeit m (Nachhaltigkeitsdauer) erwirtschaftet. Nach diesem Zeitraum ist das Unternehmen nur noch in der Lage, die normale Verzinsung des Substanzwerts zu erzielen.

➤ Über die Nachhaltigkeitsdauer werden Periodenerfolge E_t erwartet, die zumindest dem Normalertrag (= angemessene Verzinsung i des Substanzwerts (SW)) entsprechen. Es können tatsächlich aber auch Übergewinne erzielt werden.

Berechnung: $\quad UW = SW + \sum (E_t - i * SW) * (1 + i)^t \quad$ für t = 1 bis m

8. Bewertung digitaler Unternehmen

Digitalisierung
Aufbereitung von in analoger Form vorliegenden Informationen in ein digitales System, das nur aus diskreten Werten besteht, zum Zwecke ihrer Verarbeitung oder Speicherung.[1]

- Es entstehen Unternehmen mit neuen Geschäftsmodellen; dazu gehören einerseits Apps und andererseits Plattform-Unternehmen wie z.B. Amazon, Google, Facebook.
- Es werden Dienstleistungen vermittelt oder angeboten.
- Die Unternehmen haben so gut wie kein Sachanlagevermögen, dafür immaterielle Vermögenswerte in Form von Lieferanten- und Kundenbeziehungen, die durch das Auswerten riesiger Datenmengen geschaffen werden.
- Zunächst werden über viele Jahre Verluste erwirtschaftet.
- Diese Unternehmen haben eine große Börsen- bzw. Marktkapitalisierung.

Problem: Wie lassen sich solche Unternehmen angemessen bewerten?

---

[1] *Ballwieser/Hachmeister* (Hrsg.): Digitalisierung und Unternehmensbewertung, S. 13.

8. Bewertung digitaler Unternehmen

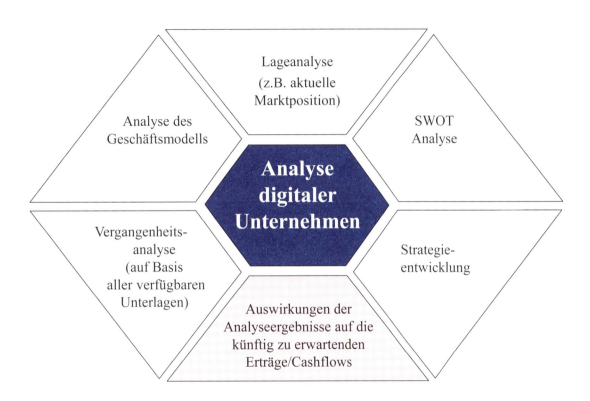

VUCA-Welt

Volatilität:
Die Welt ändert sich permanent und sehr schnell.

Unsicherheit:
Entwicklungen sind nicht verlässlich prognostizierbar.

Ambiguität:
Ursachen und Wirkungen lassen sich nicht eindeutig unterscheiden, weil Vernetzungsgrad und Vernetzungsgeschwindigkeit exponentiell zunehmen.

Komplexität:
Viele Interaktionen von Objekten[2], die ggf. auch erst während der Analyse hinzukommen oder wegfallen können, sind zu berücksichtigen.

[2] Maschinen, Menschen, Produkte, Dienste, Daten, Algorithmen

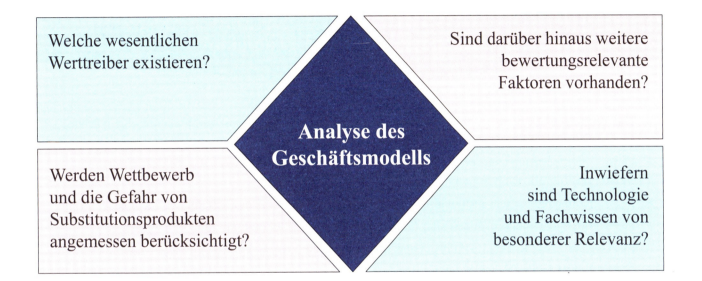

Besonderheiten und Probleme

- Die Vergangenheitsanalyse, die meistens nur einen kurzen Zeitraum umfasst, kann nur eine geringe Bedeutung bei der Wertermittlung haben.
- Diese Unternehmen haben sehr oft disruptive Geschäftsmodelle (Modelle, die die etablierten Vorstellungen auflösen bzw. zerstören).
- Der Kapitalbedarf ist sehr groß und Fremdkapital ist ohne zusätzliche Sicherheiten nicht beschaffbar.
- Die Marktgegebenheiten können sich für diese Unternehmen schnell und drastisch ändern.
- Es bestehen große Risiken, weil der Absatzmarkt für Apps aufgrund von Wettbewerb und Substitutionsprodukten sehr dynamisch ist.

Besonderheiten und Probleme

- Die Ermittlung der risikoäquivalenten Kapitalkosten wird durch die Berücksichtigung der feststellbaren Risiken und der vorhandenen Unsicherheiten zusätzlich erschwert.
- Extrem innovative Produkte erschweren die Vergleichbarkeit mit anderen Unternehmen. Die Bestimmung der risikoäquivalenten Kapitalkosten auf der Basis des CAPM ist daher schwierig.
- Weil Vergleichsunternehmen fehlen, kann die Ableitung eines verwendbaren Beta-Faktors nicht gelingen.
- Es besteht eine große Unsicherheit bezüglich der Prognose künftiger Erträge bzw. Cashflows, weil sich die Ertragskraft erst nach vielen Verlustjahren zeigt.

8. Bewertung digitaler Unternehmen

Anzuwendende Verfahren

Nur die **kapitalwertorientierten Verfahren** (Ertragswert/DCF) liefern ein methodisch fundiertes Konzept. Dabei sind u.a. durchzuführen:

- eine wenig aussagekräftige Vergangenheitsanalyse
- eine Analyse der Planungstreue
- ein Vergleich mit anderen Unternehmen (aber die erforderliche Datenverfügbarkeit ist problematisch)
- eine intensive Diskussion mit dem Management zur Identifikation **digitaler Werttreiber**

Benchmark: Wert am Kapitalmarkt

Digitale Werttreiber

Ökonomische Variablen, welche die Fähigkeit eines Unternehmens wesentlich beeinflussen, Erträge bzw. Cashflows zu erzielen:

- Nutzerbindung/Loyalität der Kunden
- Wachstumspotential
- Marktgröße und -wachstum
- Stabilität der Technologie
- Wettbewerb

9. Digitalisierung der Unternehmensbewertung

Durchführung der Bewertung

Die Digitalisierung des Bewertungsvorgangs ermöglicht:

➢ die Verwendung einer vorher nie bearbeitbaren Datenfülle von Informationen, Schätzgrößen und Parametern;

➢ eine Zunahme bei der Qualität der Datengewinnung und -verarbeitung;

➢ einen verringerten Zeitaufwand für die Sammlung, Harmonisierung, Aggregation und Auswertung von Unternehmensdaten;

➢ die Komprimierung einer enormen Datenmenge ohne Substanzverlust auf das qualitativ hochwertige Wesentliche (Big-Data-Analysen).

Durchführung der Bewertung

Die Digitalisierung des Bewertungsvorgangs ermöglicht:

➢ eine Komplexitätsreduktion: der Bewertungsvorgang soll transparent, einfach nachvollziehbar und unkompliziert von statten gehen;

➢ weitere Spezialisten einzubinden: Mathematiker, IT-Spezialisten, Physiker;

➢ den umfassenden Einsatz von Szenario-Analysen, Simulationstechniken und Sensitivitätsanalysen (z.B. für verschiedene Risikoszenarien, auflösende oder zerstörerische Marktveränderungen);

➢ die Berücksichtigung der Unsicherheiten aus der VUCA-Welt.

Durchführung der Bewertung

Die Digitalisierung des Bewertungsvorgangs ermöglicht:

- ➤ die Ermittlung einer Bandbreite von Unternehmenswerten mit den dazugehörigen Eintrittswahrscheinlichkeiten;

- ➤ die Verarbeitung, Analyse und Auswertung von enormen Datenmengen und der daraus resultierenden Komplexität mit einer leistungsfähigen EDV und mit zu diesem Zweck entwickelten, computergestützten Programmen;

- ➤ das Erreichen eines ganzheitlichen Bewertungsergebnisses;

- ➤ die verständliche Darstellung der Wertermittlung entsprechend den Dokumentationserfordernissen von Investoren, Kapitalgebern, Wirtschaftsprüfern usw.

10. Vorbereitung der Unternehmensbewertung

Kick-off Meeting:

- Abgrenzung des Bewertungsauftrags und der Ziele
- Auftragsschreiben
- Festlegung des Bewertungszeitpunkts, der Methode und der Analyseschwerpunkte
- Terminplanung

Dokumentation aller durchgeführten Arbeiten, Analysen usw. → **Arbeitspapiere**!

Durchführung:

- Wettbewerbsanalyse: Marktumfeld, Wettbewerber, Chancen/Risiken
- Unternehmensanalyse: Stärken/Schwächen, Werttreiber-Analyse, Analyse und Bereinigung der Vergangenheit, Plausibilisierung der Planungsprämissen
- Berechnung des Unternehmenswerts: Ermittlung des nachhaltigen Ergebnisses und der Kapitalkosten, Prognose der Ausschüttungen/Erträge, Szenario-Rechnungen und Sensitivitätsanalysen, Multiplikatorrechnungen als Benchmark

Berichterstattung: Gutachten/Präsentation/Stellungnahme

Klausuraufgaben und Lösungshinweise

Willkommen im Team!

Mit über 140 Mitarbeitern an unseren vier Standorten Stuttgart, München, Schorndorf und Ludwigsburg sind wir seit über 80 Jahren eine feste Größe unter den mittelständischen Steuerberatungs- und Wirtschaftsprüfungsgesellschaften. Für unsere nationalen und internationalen Kunden decken wir die Bereiche Wirtschaftsprüfung, Steuerberatung, Rechtsberatung und betriebswirtschaftliche Beratung aus einer Hand ab.

Werden Sie Teil des WiTreu-Teams mit flachen Hierarchien und langfristigen Karriereperspektiven! Profitieren Sie von einem vielfältigen Aufgabenspektrum und erfahrenen Steuerberatern und Wirtschaftsprüfern, die Sie als Mentoren vom ersten Tag an begleiten werden. Durch unsere WiTreu-Akademie eröffnen sich umfangreiche Weiterbildungsmöglichkeiten und die gezielte Vorbereitung auf Ihre Steuerberater- und Wirtschaftsprüferexamen.

Für Fragen ist Martina Wirth (0711 48931 226 / martina.wirth@wirtschaftstreuhand.de) gerne für Sie da. Wir freuen uns auf Sie!

WirtschaftsTreuhand

WirtschaftsTreuhand GmbH Wirtschaftsprüfungsgesellschaft, Steuerberatungsgesellschaft
Schulze-Delitzsch-Straße 28 · 70565 Stuttgart · **www.wirtschaftstreuhand.de**

Klausuraufgaben

1. Erläutern Sie die Behandlung von Synergieeffekten in der Praxis der Unternehmensbewertung des Ertragswertverfahrens.
2. Welche Annahme liegt der Verwendung des Wachstumsabschlags beim Ertragswertverfahren zugrunde?
   Wann und wie erfolgt die konkrete Verwendung von Wachstumsabschlägen?
3. Beschreiben Sie in wenigen Sätzen, wie man den Unternehmenswert gemäß der DCF Methode berechnet.

Lösungshinweise

Zu Aufgabe 1:

Es gilt unechte von echten Synergieeffekten zu unterscheiden:

Unechter Synergien sind Effekte, die sich aus den bestehenden Verbindungen ergeben, ohne dass Auswirkungen aus dem Bewertungsanlass berücksichtigt werden. Solche Effekte sind insoweit einzubeziehen, als die entsprechenden Maßnahmen schon eingeleitet sind
→ Verweis auf Wurzeltheorie mit Erläuterung.
Unechte Synergien werden bei der Ermittlung des objektiven Unternehmenswert einbezogen.

Als echte Synergien werden dagegen alle Effekte bezeichnet, die sich aus den bestehenden und geplanten Verbindungen ergeben bzw. ergeben können. Diese Synergien finden bei der Unternehmensbewertung alle Berücksichtigung.
Sie werden bei der Ermittlung des subjektiven Unternehmenswert einbezogen.

Lösungshinweise

Zu Aufgabe 2:

Ein gleichmäßiges Wachstum findet bei der Berechnung des Fortführungswertes/Terminal Values als konstanter und damit als sicher angenommener Abschlag vom Kalkulationszinssatz Berücksichtigung. Dieses pauschalierte, gleichmäßige Wachstum setzt unmittelbar nach der Detailplanungsphase ein.
Der erste Ertrag des Fortführungszeitraums ist zumeist der letzte Ertrag der Detailplanungsphase (Zeitpunkt T) multipliziert mit dem Faktor (1+w). Das ist aber keine zwingende Annahme.
Als Einflussfaktoren spielen u.a. inflationsbedingte Preissteigerungen, Kapazitätsausweitungen (Gewinnthesaurierung, FK Aufnahme) und steuerbedingte Effekte (z.B. unterschiedliche Besteuerung von Thesaurierung und Ausschüttung) eine Rolle.
Demgegenüber bleiben Effekte, die aus technischem Fortschritt, einer Optimierung von Kapazitäten und eventuell vorhandener Knappheitssituationen am Markt resultieren, außen vor.

Lösungshinweise

Zu Aufgabe 3:

Mit der DCF-Methode berechnet man den Unternehmenswert, indem zukünftige Free Cashflows (operativer CF abzüglich Investitionen) auf den Bewertungszeitpunkt diskontiert werden. Die Diskontierung erfolgt dabei z.B. zum Gesamtkapitalkostensatz der Unternehmung (WACC).

Vorgehen bei der Unternehmensbewertung:
- Berechnung des WACC (Formel)
- Berechnung der FCF für die Detailplanungsphase (1–5 Jahre)
- Für die restlichen Jahre (bis unendlich) wird ein nachhaltig möglicher CF festgelegt.
- Es gilt dabei: Abschreibungen = Investitionen
- Berechnung der Barwerte der FCF in der Detailplanungsphase.
- Berechnung des Terminal Value (der ewigen Rente)
- Berechnung des Wertes des Gesamtkapitals
- Berechnung des Wertes des Eigenkapitals (Shareholder Value)

Klausuraufgaben

4. Erläutern Sie die Funktion des Terminal Value. Gehen Sie dabei auch auf die zu beachtenden Grundprinzipien und die Bedingungen ein, die Gordon/Shapiro ihrem Modell zugrunde gelegt haben.

5. Diskutieren Sie, welche Anpassungen bei der Berechnung des Terminal Value ggf. zu berücksichtigen sind.

Lösungshinweise

Zu Aufgabe 4:

Berücksichtigung des CF/Ertrags nach der Detailplanungsphase;
diese Perioden in der weiteren Zukunft sind nur unter Annahmen wie die Festlegung konstanter operativer Renditen und einer konstanten Investitionstätigkeit, dem Ausschluss von Inflation und im Zustand der Sicherheit zu planen.
Dabei herrscht eine starke Prognoseunsicherheit bis zu Veräußerung (transaktionsbezogener Ansatz) bzw. unendlich (going concern).
Der Terminal Value macht daher einen relativ großen Teil des Gesamtwerts aus.

Einzuhaltende Grundprinzipien sind:

– Modellkonsistenz (Verknüpfung der Modellparameter),
– Renditeorientierung und
– Cashflow Timing.

Lösungshinweise

Zu Aufgabe 5:

Zu berücksichtigen sind u.a.
- Inflation/Preissteigerungsrate,
- technologischer Fortschritt,
- Erweiterungsinvestitionen,
- Zyklische Erfolgsentwicklung (Konjunktur),
- Nachfrageverhalten,
- Fixkostendegression/Leverage Effekt,
- Zahlungsströme.

Klausuraufgaben

6. Als ein Discounted-Cashflow-Verfahren hat sich der WACC Ansatz in der Praxis der Unternehmensbewertung etabliert.

    a) Beschreiben Sie die Besonderheiten des WACC-Ansatzes.

    b) Nennen und erläutern sie eventuelle Nachteile, die sich bei der Anwendung dieses Ansatzes ergeben?

    c) Können das Ertragswertverfahren und das DCF Verfahren nach dem WACC Ansatz zum gleichen Ergebnis kommen? Erläutern Sie die dabei gegebenenfalls zu erfüllenden Bedingungen.

Lösungshinweise

Zu Aufgabe 6 a):

bei vollständige Eigenfinanzierung zur Verfügung stehende Zahlungsüberschüsse (Free CF);
Fremdkapitalzinsen mindern den FCF nicht; FCF ist von der Finanzierung unabhängig;
Fremdkapitalveränderungen mindern bzw. erhöhen FCF nicht;
Unternehmenssteuern werden ohne Berücksichtigung der steuerlichen Abzugsfähigkeit der FK-Zinsen ermittelt und Cashflow-mindernd berücksichtigt;
Trennung des Unternehmens in einen Leistungs- (→ FCF) und einen Finanzierungsbereich;
Finanzierung wird im Diskontierungszinssatz berücksichtigt;
Steuerersparnis wird durch Minderung des Diskontierungszinssatzes berücksichtigt;
Mischzinsfuß → $i^{WACC} = r(FK) * (1 - s) * FK / EK + r(EK)_v * EK / FK$
Für die Zukunft wird ein konstanter Verschuldungsgrad unterstellt
→ die Zielkapitalstruktur ist somit vorgegeben;
Zunächst wird das Gesamtkapital berechnet, davon dann das verzinsliche Fremdkapital abgezogen um den Marktwert des EK (shareholder value) zu ermitteln.

Lösungshinweise

Zu Aufgabe 6 b):

Folgende Nachteile der Methode sind zu identifizieren:

- Der gewogene Kapitalkostensatz ist über die komplette Berechnungsdauer konstant. Damit bleibt auch die Kapitalstruktur konstant (realitätsfern).
- Ob die Zielkapitalstruktur erreicht wird, liegt auch am Erfolg der Investitionen. Erhöht sich Marktwert des EK, müsste FK angepasst werden.
- Die Investitions-, Ausschüttungs- und Finanzierungspolitik ist in der Realität nicht konstant, aber die Anpassung des WACC über die ungewisse Laufzeit schwierig.
- Zudem müsste der Unternehmenswert bzw. das Eigenkapital bekannt sein, um den WACC zu berechnen.

Lösungshinweise

Zu Aufgabe 6 c):

Zum gleichen Ergebnis kommt man, wenn:

- dieselben Daten verwendet werden;
- mit dem richtigem Unternehmenssteuersatz gerechnet wird und
- die Zielkapitalstruktur in Marktwerten vorgeplant ist.

Klausuraufgaben

7. Die Gesellschafter Kahn und Rummenigge der Bayern GmbH wollen ihr Unternehmen veräußern. Um eine Vorstellung vom zu erzielenden Verkaufspreis zu erhalten, beauftragen die Gesellschafter Sie damit, den Unternehmenswert nach dem Discounted Cashflow Verfahren unter Berücksichtigung des WACC-Ansatzes zu berechnen. Aus den zur Verfügung gestellten Unterlagen können Sie folgende Daten entnehmen (alle Beträge in T€):

	2020	**2021**	**2022**	**2023**	**Ab 2024**
Prognostiziertes EBIT	950	910	960	990	1.010
Abschreibung		50	48	49	51	52
Investitionen in Anlagevermögen	45	47	50	51	52
Veränderung des Working Capital	-37	-29	-29	-31	-31

Klausuraufgaben

weiter Aufgabe 7:

Das Unternehmen verfügt über 7.000 T€ Eigenkapital und weist 3.000 T€ Fremdkapital aus, das mit 3% zu verzinsen ist. Die Gesellschafter gehen davon aus, dass nicht betriebsnotwendiges Vermögen im Wert von 800 T€ vorhanden ist und auch weiterhin 10% des Jahresüberschusses jedes Jahr thesauriert werden. Sie legen Ihren Berechnungen folgende Annahmen zugrunde:

risikofreier Zinssatz: $r_f = 2\%$,
Risikoprämie: $r_m - r_f = 12\%$,

Betafaktor der verschuldeten Unternehmen der peer group: $\beta_{vers} = 1$,
Steuersatz: $s = 30\%$ und

durchschnittliches nachhaltiges Ertragswachstum für die kommenden Jahre: $w = 1\%$ p.a.

Klausuraufgaben

weiter Aufgabe 7:

a) Berechnen Sie die geplanten Free Cashflows der Bayern GmbH für jede Periode.

b) Berechnen Sie die geforderte Anlagerendite.

c) Berechnen Sie mit den Ergebnissen aus den Teilaufgaben a) und b) den Unternehmenswert der Bayern GmbH wie von den Gesellschaftern gewünscht.

Lösungshinweise

Zu Aufgabe 7:

WACC Verfahren

	2020	2021	2022	2023	ab 2024		
Prognostiziertes EBIT	950	910	960	990	1.010		
./. Steuern auf EBIT	-285	-273	-288	-297	-303		
NOPAT	665	637	672	693	707		
						EK-Quote	70%
+ Abschreibung	50	48	49	51	52	FK-Quote	30%
./. Investitionen ins AV	-45	-47	-50	-51	-52	EK-Rendite	14,00%
+/- Veränderung Working Capital	-37	-29	-29	-31	-31	FK-Zinssatz	3,00%
						Unternehmenssteuersatz	30%
Free Cashflow	633	609	642	662	676	Wachstumsfaktor	1%
						WACC =	10,43%
Kapitalisierungsfaktor	0,9056	0,8200	0,7426	0,6724	7,1308		
Barwert der Free Cashflows	573	499	477	445	4.820		
Barwert FCF zum 31.12.2016	6.815						
+ nicht betriebsnotw. Vermögen	800						
Gesamtunternehmenswert	7.615						
./. Marktwert des verzinslichen FK	-3.000						
Eigenkapitalwert zum 31.12.2019	**4.615**						

Klausuraufgaben

8. Bei der Stanztechnik Pfeiffer AG wurde der Finanzvorstand Herr Häberle vom Aufsichtsrat beauftragt, den Wert des Unternehmens zu berechnen und dabei die Wirkungen aus der Variation verschiedener Parameter aufzuzeigen. Das Unternehmen hat im Jahr 2020 einen Jahresüberschuss in Höhe von 2.000 TEUR erwirtschaftet und weist in der Bilanz 12.000 TEUR verzinsliches Fremdkapital aus.

Herr Häberle war vor seinem Wechsel zur Stanztechnik Pfeiffer GmbH Wirtschaftsprüfer bei einer Big 4 Wirtschaftsprüfungsgesellschaft. Aufgrund seiner beruflichen Erfahrung trifft er für die Berechnung die folgenden Annahmen:

risikofreier Zinssatz: $r_f = 2{,}5\%$ Risikoprämie: $r_m - r_f = 5\%$,

Betafaktor der unverschuldeten Unternehmen der peer group: $\beta_{unvers} = 1{,}2$

Steuersatz: $s = 30\%$,

durchschnittliches nachhaltiges Ertragswachstum für die kommenden Jahre: $w = 4\%$ p.a. und

der Jahresüberschuss in Höhe von 2.000 TEUR wird als nachhaltig angesehen.

Klausuraufgaben

weiter Aufgabe 8:

a) Berechnen Sie bei einem unterstellten Gesamtwert des Unternehmens von 40 Mio. EUR die geforderte Anlagerendite.

b) Berechnen Sie mit dem Ergebnis aus Teilaufgabe a) den Unternehmenswert. Vergleichen Sie diesen mit dem unterstellten Gesamtwert des Unternehmens oben und diskutieren Sie dabei den Effekt einer sich ändernden Eigenkapitalquote.

c) Des Weiteren will der Aufsichtsrat wissen wie sich folgende Maßnahmen qualitativ auswirken:
- Erhöhung des Fremdkapitals auf 30.000 TEUR,
- Reduktion der Risikoprämie auf 3%.

Diskutieren Sie die daraus sich ergebenden Effekte ausführlich!

Lösungshinweise

Zu Aufgabe 8:

a) $\beta_{vers} = \beta_{unvers} + \beta_{unvers} * (1 - s) * FK/EK$
  $= 1,2 + 1,2 * (1 - 0,3) * 12.000/28.000$
  $= 1,2 + 0,36 = 1,56$
  $r_{EK} = r_f + \beta * (r_m - r_f) = 2,5\% + 1,56 * 5\% = 10,3\%$

b) Nachhaltige Ertragskraft = JÜ 2015 * (1 + w) = 2.080
  Unternehmenswert = 2080/ (r_{EK} – w) = 2.080/0,063 = 33.016 TEUR
  dazu im Vergleich zur Aufgabenstellung: 40.000 – 12.000 = 28.000 TEUR, daraus folgt:
  - über iterative Anpassung ergibt sich ein größerer Unternehmenswert,
  - je größer der Unternehmenswert und damit der Wert des Eigenkapitals, desto geringer das Kapitalstrukturrisiko,
  - wenn das Eigenkapital aufgestockt wird, verringern sich β_{vers} und r_{EK}, der Unternehmenswert nimmt zu.

Lösungshinweise

Zu Aufgabe 8:

c) Das Fremdkapital wird aufgestockt. Somit steigen die Werte von $ß_{vers}$ und r_{EK}. Dadurch wird der Unternehmenswert reduziert.

Wenn die Risikoprämie abnimmt, verringern sich in Folge $ß_{vers}$ und r_{EK}. Daraus folgt, dass der Unternehmenswert zunimmt.

Klausuraufgaben

9. Horst Großkreutz betreibt sein Unternehmen seit über 20 Jahren erfolgreich. Er hat sich einen guten Ruf als kenntnisreicher Fachmann aufgebaut und so einen Kreis treuer Stammkunden aufgebaut. Eine sehr motivierte und überdurchschnittlich qualifizierte Belegschaft trägt außerdem dazu bei, dass sein Unternehmen im Vergleich mit Wettbewerbern eine überdurchschnittlich große Umsatzrendite ausweist.

Als größeres Unternehmen in derselben Branche plant die Ancelloti & Buffon OHG durch den Zukauf schon im Markt erfolgreicher Unternehmen regional zu expandieren. Die OHG ist daher am Unternehmen von Großkreutz interessiert. Würde die Übernahme klappen, scheidet Großkreutz komplett aus dem Unternehmen aus.

Großkreutz hat eine Prognoserechnung aufgestellt, welche Zahlungsüberschüsse sein Unternehmen in den nächsten Jahren erwirtschaftet. Er hat dazu bereits die aus der mehrwertigen Planung resultierende Bandbreite von Zahlungsüberschüssen mit Wahrscheinlichkeiten gewichtet und zu Erwartungswerten verdichtet. Bei $ZÜ_t$ handelt es sich also bereits um die Erwartungswerte der Zahlungsüberschüsse.

Klausuraufgaben

weiter Aufgabe 9:

Die kommenden drei Jahre wurden einzeln geplant; bei den darauf folgenden vier Jahren wurde unterstellt, dass die sehr günstige Erfolgslage nicht weiter gegen die Konkurrenz verteidigt werden kann. Vermutlich wird sie sich dem Branchendurchschnitt annähern. Mangels besseren Wissens geht Großkreutz ab dem siebten Jahr davon aus, dass der Zahlungsüberschuss in t_7 auch für die Folgezeit erzielt werden kann. Als kalkulatorischer Unternehmerlohn für seine eigene Arbeitskraft setzt Großkreutz 100 T€ p.a. an. In den prognostizierten Zahlungsüberschüssen ist dieser noch nicht berücksichtigt.

Jahr	t_1	t_2	t_3	t_4	t_5	t_6	t_7	$t_{8\,ff.}$
$ZÜ_t$ (in T€)	800	300	700	650	600	550	500	500

Klausuraufgaben

weiter Aufgabe 9:
Der risikoangepasste Zinssatz beträgt 10 %. Die Bilanz des Unternehmens (in T€) von Horst Großkreutz zeigt am Bewertungsstichtag (31.12.t_0) folgendes:

Grundstücke	1.000		Eigenkapital	1.000
Patent	-		Rückstellungen	400
Technische Anlagen	800		Bankkredite	2.500
Geschäftsausstattung	1.100		Verbindlichkeiten L.u.L.	300
Vorräte	700			
Forderungen L.u.L.	400			
Kasse / Bank	200			
Summe Aktiva	4.200		Summe Passiva	4.200

Klausuraufgaben

weiter Aufgabe 9:

Großkreutz hat zudem in Erfahrung bringen können, dass vor wenigen Monaten in einer anderen Region der 20 %ige Anteil eines branchengleichen Unternehmens für 3.000 T€ verkauft wurde. Allerdings ist dieses Unternehmen mit 75.000 T€ Umsatz (Großkreutz: 10.000 T€) und 2.500 T€ Gewinn (Großkreutz: 700 T€) im Vorjahr – jeweils nach Abzug des kalkulatorischen Unternehmerlohns – wesentlich größer als sein Einzelunternehmen.

Steuern bleiben unberücksichtigt!

Klausuraufgaben

weiter Aufgabe 9:

a) Ermitteln Sie den Ertragswert als Preisuntergrenze für Horst Großkreutz.

b) Der Ertragswert aus Sicht der Ancelloti & Buffon OHG beträgt 7.000 T€ (andere Planungsannahmen, Synergieeffekte, usw.).
Zu Argumentationszwecken möchte die Ancelloti & Buffon OHG in der Kaufverhandlung zusätzlich den Substanzwert des Unternehmens bestimmen. Dazu sind folgende Korrekturen notwendig:
- die Grundstücke enthalten stille Reserven in Höhe von 500 T€;
- die nicht bilanzierungsfähigen Patente haben einen Wert von 400 T€;
- stille Reserven durch vorgenommene Sonderabschreibungen in den technischen Anlagen: 250 T€;
- die Geschäftsausstattung wird so nicht benötigt und ein Teil soll veräußert werden.
  Der Liquidationswert der zu veräußernden und der Substanzwert der weiter zu nutzenden Geschäftsausstattung betragen zusammen 1.000 T€;

Klausuraufgaben

weiter Aufgabe 9:
- aus der Durchschnittsbewertung der Vorräte resultieren stille Reserven i.H. von 100 T€;
- durch eine übervorsichtige Bewertung enthalten die Rückstellungen stille Reserven in Höhe von 50 T€.

Berechnen Sie den Substanzwert.

c) Ermitteln Sie auf der Basis der Umsatz- und Gewinnmultiplikatoren den Marktwert des Unternehmens von Großkreutz.

d) Die Ancelloti & Buffon OHG unterbreitet Herrn Großkreutz ein Kaufangebot in Höhe des unter Teilaufgabe 2 ermittelten Substanzwerts. Wie reagiert Herr Großkreutz?

e) Diskutieren Sie die abweichenden Ergebnisse aus den Teilaufgaben 1 bis 3 unter Berücksichtigung unterschiedlicher Bewertungssituationen.

Lösungshinweise

Zu Aufgabe 9 a):

Jahr	t_1	t_2	t_3	t_4	t_5	t_6	t_7	$t_{8\,ff.}$
$ZÜ_t$ (vor Abzug des kalk. Unt.lohns)	800	300	700	650	600	550	500	500
Kalk. Unt.lohn	-100	-100	-100	-100	-100	-100	-100	-100
$ZÜ_t$ (nach Abzug des kalk. Unt.lohns)	700	200	600	550	500	450	400	400
TV vor Abzins.							4.000	
Barwertfaktor	0,9091	0,8264	0,7513	0,683	0,6209	0,5645	0,5132	
$ZÜ_t$ (in T€)	636,36	165,29	450,79	375,66	310,46	254,01	205,26 2.052,63	
Ertragswert	**4.451**							

Lösungshinweise

Zu Aufgabe 9 b):

Grundstücke	1.000 + 500	Eigenkapital	1.000 – 1.000
Patent	+ 400	Rückstellungen	400 – 50
Technische Anlagen	800 + 250	Bankkredite	2.500
Geschäftsausstattung	1.100 – 100	Verbindlichkeiten L.u.L.	300
Vorräte	700 + 100		
Forderungen L.u.L.	400		
Kasse/Bank	200		
Summe Aktiva	4.200 + 1.150	Summe Passiva	3.150

4.200 + 1.150 – 3.150 = **2.200 T€ Substanzwert**

Lösungshinweise

Zu Aufgabe 9 c):

Wenn 3.000 T€ für einen 20 % Anteil gezahlt werden, kostet das gesamte Unternehmen 15.000 T€. Dem Eigentümer eines 20 % Anteils fehlt allerdings die Durchsetzungskraft. Entscheidungen im Unternehmen werden nicht immer in seinem Sinne gefällt. Für Mehrheitsbeteiligungen, die einen beherrschenden Einfluss ermöglichen, werden normalerweise sogenannte Paketzuschläge gezahlt. Hierfür muss Großkreutz einen Faktor y (z.B. 20 %) ansetzen.

Dann ist das Unternehmen 15.000 T€ x 1,2 = 18.000 T€ wert. Großkreutz besitzt nun allerdings ein deutlich kleineres Unternehmen. Er kann also mit dem Multiplikatorverfahren analog mit verschiedenen Messgrößen (hier: Gewinn und Umsatz) den Wert bestimmen:

Wertberechnung über den Umsatz:
18.000 x (10.000 / 75.000) = 2.400 T€

Wertberechnung über den Gewinn:
18.000 x (700 / 2.500) = 5.040 T€

Diese abweichenden Ergebnisse lassen sich auch durch die überdurchschnittliche Renditestärke des Unternehmens begründen!

Lösungshinweise

Zu Aufgabe 9 d):

Die Ancelloti & Buffon OHG unterbreitet Herrn Großkreutz ein Kaufangebot in Höhe des unter Teilaufgabe 2 ermittelten Substanzwerts (= 2.200 T€).

Horst Großkreutz lehnt das Angebot ab!

Im Substanzwert sei nicht berücksichtigt, dass sein Unternehmen einen hervorragenden Ruf genießt, er auf einen treuen Kundenstamm zurückgreifen kann, eine motivierte und überdurchschnittlich qualifizierte Belegschaft bei ihm arbeitet und er deshalb schlussendlich auch eine überdurchschnittliche Rendite erwirtschaftet. Für sein Unternehmen muss ein wesentlich höherer Preis geboten werden.

Lösungshinweise

Zu Aufgabe 9 e):

Verschiedene Methoden führen zu unterschiedlichen Resultaten!
Ausgangspunkt für Bewertungsunterschiede können abweichende Sichtweisen/Standpunkte und daraus folgende Festlegungen von Prämissen der Bewertungsmethodik sein:

1. Subjektive Vorstellungen von Verkäufer und Käufer, z.B.:
   Zukunftseinschätzungen zu Nachfrage, Wettbewerb, Synergien,
   unternehmenspolitische Visionen oder Ziele,
   Investitionen und Finanzierung.

   Die Ertragswerte sind deshalb unterschiedlich:

   Preisuntergrenze Großkreutz: 4.451 T€
   Preisobergrenze OHG: 7.000 T€.

Lösungshinweise

Zu Aufgabe 9 e):

2. Der Marktpreis ist dagegen das Gegenteil zum subjektiven Ertragswert. Preistheoretisch fundierte Vergleichsverfahren gehen von der Vorstellung aus, dass sich zwischen Käufer und Verkäufer ein für beide Seiten gültiger Gleichgewichtspreis auf einem vollkommenen Markt herausbildet – Verkehrswert, gemeiner Wert, Wert im gewöhnlichen Geschäftsverkehr.
Der Marktwert ist grundsätzlich im Rahmen von rechtlich veranlassten Unternehmensbewertungen zur Bemessung von Zahlungs- und Vermögensansprüchen gefordert!

Lösungshinweise

Zu Aufgabe 9 e):

3. Vergleiche können praktisch nie zu einem belastbaren Wert führen. Es finden zu wenige Transaktionen in großen zeitlichen Abständen statt – zudem sollte das Unternehmen vergleichbar sein, am besten branchengleich. Es sollten Kostenstruktur, Wachstumserwartungen, Anlagezustand, Risikograd des Unternehmens sowie Gewinnbeteiligungsrechte, Fungibilität und Herrschaftsrechte der Anteile übereinstimmen. Wenn das nicht der Fall ist, werden meistens Korrekturrechnungen notwendig, die wiederum nur pauschal erfolgen können und auf Annahmen beruhen.

4. Unternehmensbewertungen dienen als Hilfsmittel für Verhandlungen, nicht zuletzt um der anderen Seite Zugeständnisse abzuringen. Diese Argumentationswerte stellen jedoch nur scheinbare Werte dar. Dazu kann der hier ermittelte Substanzwert mit 2.200 T€ gezählt werden, der keine Rolle spielen kann.

Klausuraufgaben

10. Wieso ist neben der Funktion der Bewertung auch das Umfeld, indem die Bewertung stattfindet, von Bedeutung für die sinnvolle Auswahl oder Ausgestaltung des Bewertungsverfahrens?

    Begründen Sie Ihre Ausführungen und belegen Sie diese anhand eigener Beispiele!

Lösungshinweise

Zu Aufgabe 10:

Die Bewertungssituation unterscheidet sich *zum einen* je nach Land (z.B. D vs. USA):

- Es unterscheiden sich die Zahlen bezüglich der absoluten Anzahl wie auch des relativen Anteils der börsennotierten Unternehmen,
- der Effizienzgrad der Aktienmärkte (Kapitalmärkte) ist generell unterschiedlich,
- die Infrastruktur für Bewertungen wie z.B. spezialisierte Bewertungsunternehmen und von Datenbanken für bewertungsrelevante Informationen ist je nach Land extrem unterschiedlich,
- Diversifikationsgrad der Anteilseigner (Aktienstreubesitz/Mittelständische (Familien-)Unternehmen, deren Anteile in wenigen Händen liegen und deren Gesellschafter (nur) hier ihr Vermögen anlegen),
- Tradition und Gebräuche in Ländern/Branchen bezüglich praktizierten Bewertungsverfahren,
- länderspezifische rechtliche Rahmenbedingungen und Steuersysteme,

Lösungshinweise

Zu Aufgabe 10:

zum anderen nach Merkmalen des zu bewertenden Unternehmens:

- Rechtsform,
- Finanzierung,
- Strategie,
- Branche/Bewertungsgepflogenheiten (Steuerberater, Ärzte),
- Marktstellung/Wettbewerbssituation (Oligopol, Monopol),
- mehr Konkurrenten, mehr brauchbare Vergleichsdaten,
- Planungssicherheit, zuverlässige Hochrechnungen der Vergangenheit, Historie des Unternehmens vorhanden? Erst kürzlich gegründet? Strukturbrüche?
- KMU: Arbeitskraft des Unternehmensinhabers wird über Gewinn entlohnt,
- mehr oder weniger umfangreicher Zugriff auf Unternehmensdaten.

Klausuraufgaben

11. Diskutieren Sie, welche Besonderheiten bei der Bewertung von kleinen und mittelgroßen Unternehmen (KMU) gegebenenfalls zu berücksichtigen sind.

Lösungshinweise

Zu Aufgabe 11:

1. Der Eigentümer ist sehr häufig auch als Geschäftsführer im Unternehmen tätig. Die Abgrenzung zwischen betrieblich und privat ist teilweise unklar (z.B. vermietetes Privatvermögen, gemischte Nutzungen, Leistungsentnahmen).
   Bei Verträgen zwischen Unternehmen und Eigentümer bzw. ihm nahestehenden Personen werden u.U. keine marktgerechten Konditionen vereinbart. Der Großteil des Vermögens des Eigentümers steckt typischerweise im Unternehmen.

2. KMUs sind z.T. von wenigen Kunden oder Lieferanten abhängig. Die Produktpalette ist z.T. sehr schmal. Das Unternehmen ist u.U. sehr spezialisiert und daher nur gering diversifiziert.

Lösungshinweise

Zu Aufgabe 11:

3. Die Finanzierung ist z.T. schwierig; daher haften die Gesellschafter bei Bankdarlehen oft mit ihrem Privatvermögen oder geben selbst (nachrangige) Darlehen an das Unternehmen. Die Zahl der Gesellschafter ist meist begrenzt, was sich auch auf die Ausstattung mit Eigenkapital auswirkt.

4. Die Unterlagen in einer KMU sind eher weniger umfangreich oder verlässlich. Es liegen ggf. keine von einem Wirtschaftsprüfer testierten Abschlüsse oder ein Prüfungsbericht vor. Es existiert keine umfangreiche vollständige Unternehmensplanung und kein ausgefeiltes Controlling. Eine vorhandene Planung ist meist nicht ausreichend dokumentiert.

Notizen

Notizen

Notizen